200 questions sur les finances publiques

Nouvelle édition revue et augmentée

Jérôme KERAMBRUN
Jean-Marc PASQUET

Ouvrage dirigé par Laurence BRUNEL

Studyrama
Réussir son avenir

Sommaire

PARTIE III

Avant-propos

Faites-moi de bonnes politiques et je vous ferai de bonnes finances.
Baron Louis

Cet ouvrage procède d'une approche transversale des finances publiques.
Il donne à approfondir les acquis de chaque candidat pour un concours de la fonction publique. Il constitue pour le néophyte un fonds de connaissances, théorique et pratique, à l'aune de l'histoire des idées, de la réalité des principes budgétaires et de l'exercice financier de l'État, des collectivités et des acteurs de la protection sociale. L'ouvrage évoque également les innovations récentes et resitue dans des questions d'actualités les aspects techniques les plus fréquemment soulevés dans les concours de catégorie A et B de la fonction publique.

En finances publiques, il est nécessaire d'avoir à l'esprit ces repères sur des sujets « Fipu » qui peuvent être remis en perspective par :

- le lien entre finances publiques et démocratie : l'impôt dispense longtemps d'aller à la guerre ; la chute de l'Ancien Régime est aussi la conséquence d'un effondrement des finances de l'État ; la crise européenne est liée à des quasi-faillites d'État en 2008 (Grèce, Espagne) et, en 2020, à la crise sanitaire ;
- l'opposition entre politique « de l'offre » (la fiscalité est un levier de la compétitivité) et « de la demande » (les salaires ou les investissements en sont des composantes) : elle renvoie au clivage entre politique structurelle (de long terme, pour favoriser la compétitivité) et conjoncturelle (qui veut agir sur le cycle économique) aussi bien qu'à l'opposition entre « libéraux » non interventionnistes et « keynésiens » plutôt régulationnistes et interventionnistes, voire au clivage droite/gauche ;
- la problématique de la « contrainte » dans un univers mondialisé qui soumet les acteurs de la finance publique à des tensions sur leurs financements, à des questions sur l'efficacité de « notre État » dans toutes ses composantes ;
- une réflexion sur le couple évaluation/résultat, les démarches convergentes dans le secteur public à l'évaluation, de plus en plus systématique ;
- la régulation *via* les liens financiers entre acteurs publics, les liens de contractualisation croissants et l'incidence des traités européens.

Une première partie est consacrée à quelques fondamentaux clés des finances publiques dont certains viennent de loin, attachés à l'histoire de notre pays et à son rapport tourmenté à l'impôt.
Une seconde partie est dévolue à la « description du moteur », véritable boîte à outils sur les processus et acteurs des finances publiques, en distinguant leurs points communs et leurs spécificités.
Enfin, une troisième partie est consacrée aux finances publiques et à la société au travers des questions d'actualité problématisées les plus fréquemment soulevées aux concours.

Pour cette troisième édition, nous aborderons le contenu et les spécificités des plans de relance liés à la sortie de la crise sanitaire. Celle-ci comprend des incidences financières pour l'ensemble du secteur public : État, collectivités locales, protection sociale. Ces stimulations budgétaires (des unions) des États renouvellent également les termes de l'opposition entre les partisans de « l'offre » qui préconisent des réformes structurelles (flexibilité du marché du travail, maîtrise fiscale et de la dépense publique…) et les défenseurs de la « demande », davantage orientés vers l'intervention sur le cycle économique (hausse des salaires, de la commande publique…).
Les thèses des tenants du courant interventionniste reprennent l'ascendant à la faveur de la crise de 2020. Au second semestre 2021, les crédits du plan français s'ajoutent à un volet européen sans précédent qui monte en puissance en 2022 et 2023.

Introduction : L'épreuve orale « Les finances publiques » dans le concours

Dans les concours pour les IRA, l'esprit de l'épreuve de l'oral technique « *vise à apprécier la personnalité, les aptitudes du candidat ainsi que sa motivation et à reconnaître les acquis de son expérience professionnelle. [...] Au cours de cet entretien, le candidat est également interrogé sur la place des pouvoirs publics et leur rôle dans les grands domaines de l'intervention publique ainsi que sur des questions relatives aux connaissances administratives générales* ».

Avant tout, quel que soit le concours ou la catégorie visée, le candidat doit être clair sur ses motivations. Cela est vrai pour un « grand oral » mais également pour les oraux techniques.

Il doit par exemple pouvoir expliquer pourquoi il a fait le choix de la fonction publique d'État ou territoriale, avant d'aborder ses attentes en matière de métier ou de carrière :

- dans le premier cas, il pourra par exemple souligner son sens de l'intérêt général ;
- dans le second, son goût pour l'action de terrain ou la réponse à la commande politique...

Il doit présenter en un bref exposé liminaire son parcours et ses qualités (cela se prépare !) sans forcément respecter un déroulement chronologique, par exemple en charpentant un récit sur :

- son savoir technique (lié au parcours académique : droit, gestion, RH...),
- son savoir-faire (lié à des stages, des expériences professionnelles ou associatives...),
- et son savoir-être (son sens de l'innovation ou du travail collectif, la conduite de projet...), y compris illustré par des engagements (professionnel ou associatif...).

Dans toute épreuve orale, le candidat doit valoriser ses acquis académiques en se projetant en tant que « futur fonctionnaire ».

Il doit conduire l'entretien sans attendre du jury « une bonne note » : il s'agit d'une discussion professionnelle au cours de laquelle le jury doit savoir si le candidat est apte à le rejoindre, en évaluant en 25 minutes généralement, après une présentation de son parcours en 5 minutes (maîtrisez le temps !) :

- sa capacité à formuler des propositions, assises sur des problématiques et des données précises ;

- ses facilités pour conduire l'entretien, en amenant les membres du jury sur les thématiques qui lui sont chères, en interagissant avec eux (il doit écouter sans monopoliser la parole).

Un candidat plutôt orienté sur le droit ou les RH doit maîtriser les fondements des finances publiques auxquelles il sera confronté tôt ou tard dans son parcours.

Pourquoi ? Parce que l'épreuve sur les finances publiques ne s'adresse pas prioritairement à ceux dont le métier sera directeur financier ou contrôleur de gestion.

En postulant à un futur poste de cadre, le candidat ne doit pas se circonscrire à une partie du programme du concours, il doit embrasser l'ensemble du corpus et relier certaines parties entre elles : les finances publiques comme contraintes de toutes les politiques publiques.

Un candidat au poste de cadre dans le domaine financier doit également révéler une ouverture d'esprit. Les connaissances financières font partie d'un socle alliant droit, gestion, RH, etc.

Viser une carrière financière passe parfois par un passage préalable professionnel :

- dans une fonction dite « support » autre (juridique, RH, commande publique) qui « arme » en gestion, droit, ou en matière d'organisation de l'administration ;
- ou dans une fonction opérationnelle, dans un contexte où l'activité est amenée à s'allonger (un début de carrière dans une politique opérationnelle peut conduire aux métiers financiers)...

Cette épreuve orale s'inscrit bien dans une logique de concours : vous devez viser davantage que la moyenne pour « limiter la casse » liée à une impasse ou à un loupé.

Ce n'est pas une épreuve écrite mais la forme est primordiale : le candidat est aussi évalué sur sa capacité à faire le lien entre différentes problématiques.

1. Les attentes du jury

Le jury attend que les candidats disposent d'une vision transversale des processus budgétaires (préparation, vote, contrôle), en cours de rapprochement, soumis à la contrainte financière qui s'exerce sur les acteurs de la dépense publique (État, collectivités locales, protection sociale) et qu'ils se montrent soucieux de l'évaluation des politiques publiques. Bref, le candidat n'est pas forcément omniscient sur tous les sujets des finances publiques mais il doit démontrer sa réelle capacité à relier des problématiques du sujet entre elles, à les contextualiser et à les reformuler.

La forme de la présentation doit être soignée :

- le candidat doit proposer un plan articulé visiblement et verbalisé à la fin de son introduction : « Nous verrons donc dans un premier temps... puis dans un second temps... » ;
- le candidat doit veiller au vocabulaire employé (pas de familiarité) et ses postures non verbales (il faut se poser, se tenir droit, poser ses mains sur la table sans exagérer la gestuelle, soutenir l'attention de chacun des membres du jury par le regard) ; de même, sur le plan vestimentaire, viser le classicisme le jour de l'épreuve (pas de signe ostentatoire politique ou religieux, pas de casquette...). Le jury souhaite évaluer dans l'épreuve orale votre capacité à problématiser vos connaissances et votre singularité, ainsi que votre capacité à vous insérer dans un collectif de travail sans écraser les autres ;
- le candidat doit éviter les tics (de langage, par exemple : les « euh », les répétitions automatiques du type « du coup », « par contre », les « on » et les « il y a », les « en fait » ou « bien entendu » qui alourdissent ou trahissent le contraire...), et les tocs (se gratter, fuir du regard, cacher ses mains sous la table...), les réponses du type café du commerce (« Tout fout le camp... »), sans nuance ou de pure opinion (« Je suis contre... »), ou les attitudes relevant d'une timidité excessive (regard baissé, mains sous la table...) ;
- un candidat qui a fait une impasse n'est pas nécessairement sec. Face à une « colle », sa capacité à reformuler, à contextualiser la question (environnement historique, d'actualité) ou à la relier à des concepts théoriques a une autre utilité que de gagner quelques secondes de réflexion. Ces réflexes sont autant de révélateurs pour le jury d'une capacité du candidat à trouver des solutions en situation professionnelle car la culture générale et la méthode comptent parfois autant que le fond. Osez le : « Je ne peux répondre à cette question, mais par analogie... sous l'angle de... »

2. Sept incontournables à l'oral...

Le kit de survie le jour J de l'épreuve orale de « Fipu »

Un oral technique demande du bachotage, mais le jury sera attentif au candidat qui utilise ses lacunes pour renvoyer à des connaissances, à son intérêt pour la matière (suivi de l'actualité) ou au lien construit avec les métiers du concours qu'il prépare.

L'épreuve commence dès l'entrée dans la salle et se termine une fois la porte refermée, après le salut du jury.

Évitez	Préférez
« Bonjour messieurs dames... »	« Bonjour madame/mesdames/monsieur/ messieurs... »
« Si je serais... »	« Si j'étais » (après « si », le verbe n'est jamais au conditionnel).
« Malgré que »...	« Malgré » est toujours suivi d'un groupe nominal (malgré le, son...).
De ne pas respirer, répondre d'un « oui » ou « non » sans réfléchir ou sans attendre...	Posez votre propos, autorisez-vous un silence pour rassembler vos idées. Dans le cadre d'une micro-démonstration, cela peut se faire en trois temps : données/enjeux/solutions.
De vous présenter en victime (gardez pour vous vos problèmes) ou en personne inflexible (y compris sur un plan vestimentaire, en arborant un signe politique ou religieux de manière ostentatoire).	Assumez vos propos, reconnaissez une erreur (tout en précisant ce que vous vouliez souligner) et faites preuve de pondération. Votre objectif est de mettre en lumière votre valeur ajoutée dans un collectif de travail.
De vous placer uniquement en « répondeur » face au jury, dans une posture de simple « renvoyeur de balles ».	Préférez la posture active, celle de la conversation. À une question sur les principes budgétaires, vous pouvez développer en quelques secondes des enjeux que vous maîtrisez (leur respect variable par l'État et les collectivités, leur assouplissement, etc.) pour guider le jury vers une question qui se situe sur votre terrain.
D'arriver les mains dans les poches en pensant improviser sur les aspects métier face aux questions du jury...	Préparez-vous avant l'épreuve : mettez au clair sur une feuille vos arguments en trois colonnes : • « ce que je sais faire » (issu de mon parcours et de mes expériences) ; • « ce que je veux faire » dans une optique de missions ou de métier ; • vos objectifs généraux (plutôt fonction support ou politique opérationnelle ? plutôt métiers du social, de la culture ; chargé de mission puis direction ?). Faites preuve d'humilité. Dans tous les cas, n'hésitez pas à séquencer vos projets « dans un premier temps... puis dans quelques années... ». Et enfin, sans avouer directement vos lacunes, privilégiez une formulation du type « mes capacités d'adaptation ». Elle mettra en lumière vos capacités de progression...

3. Conseils et méthodologie

Dans tous les cas, se référer au règlement du concours pour adapter son intervention : temps, contenu, etc.

Comme à une épreuve type « grand o », la présentation n'est pas essentiellement scolaire. Le jury attend de vous une capacité à relier la question posée à :

- un contexte historique (la hausse de la dépense publique accélérée par les guerres par exemple, ou la crise de la dette qui sont des accroches fréquentes) ;
- un événement d'actualité ou du passé (le consentement à l'impôt est rattachable aux jacqueries ou à la crise des gilets jaunes), sans abuser des références répétitives pour le jury qui voit passer plusieurs dizaines de candidats dans la même journée... ;
- un rapport ou une tendance de fond : les questions de l'évaluation des politiques publiques ou de la dette et du consentement à l'impôt (son niveau, son assiette), les thèmes du vieillissement et ses incidences sur les équilibres sociaux (le rapport actif/inactif), les oppositions centralisation/décentralisation, interventionnistes/libéraux, cotisation/fiscalisation sont récurrentes ;
- une problématique plus émergente : le lien entre finances publiques et comportement (fiscalité incitative sur l'essence, critique de l'assistanat) ou développement durable, etc.

Le jury attend que la question des finances publiques soit contextualisée dans l'histoire des idées, c'est-à-dire que le candidat situe les tendances qui se sont succédé au cours des dernières décennies :

- le courant interventionniste (des politiques conjoncturelles ou keynésiennes, celui des théoriciens de la « demande »), plutôt dominant dans les 30 années d'après-guerre ;
- le courant des politiques de long terme ou dites « structurelles » (favorables à la compétitivité de « l'offre »), beaucoup plus influent vers le milieu des années 1970 et dans les années 1980 ;
- un débat plus mesuré entre ces deux grands courants dès les années 1990, dans un contexte de résultats mitigés de part et d'autre ;
- la crise de 2008 et plus encore celle du coronavirus en 2020 appellent un « nouveau temps keynésien » de l'intervention publique dans les grandes zones économiques.

PARTIE I

Fondamentaux des finances publiques

56 questions

1 Quelques notions clés

1. Questions

1. Quelles dispositions financières contient la Déclaration des droits de l'homme et du citoyen ?
2. Quelles sont les bases constitutionnelles des finances publiques en France ?
3. Qu'est-ce que la LOLF ?
4. Qu'est-ce que le décret GBCP ?
5. Qu'est-ce qu'un budget ?
6. Qu'est-ce que la comptabilité publique ?
7. Que définissent les prélèvements obligatoires ?
8. Qu'est-ce qu'une dépense publique ?
9. Qu'est-ce qu'un déficit public ?
10. Qu'est-ce que l'assiette d'un impôt ?
11. Quelle différence faire entre un dégrèvement et une exonération ?
12. Qu'est-ce qu'une cotisation sociale ?
13. Qu'est-ce que la dette publique ?
14. Qu'est-ce que la politique monétaire ?
15. Qu'est-ce qu'un bilan pour un organisme public ?
16. Qu'est-ce qu'un amortissement ?
17. Qu'est-ce qu'une comptabilité en partie double ?
18. Qu'est-ce qu'un compte financier unique (CFU) ?
19. Qu'est-ce qu'un taux de retour sur investissement (TRI) ?
20. Quel est le rôle de l'État dans le financement de l'économie ?
21. Qu'est-ce que l'effet multiplicateur dans le modèle keynésien ? Quelles sont ses limites ?

2. Réponses

1. Quelles dispositions financières contient la Déclaration des droits de l'homme et du citoyen ?

Trois dispositions essentielles sont comprises dans la Déclaration des droits de l'homme et du citoyen aux articles 13 à 15.

- L'article 13 dispose : « *Pour l'entretien de la force publique, et pour les dépenses d'administration, une contribution commune est indispensable : elle doit être également répartie entre tous les citoyens, en raison de leurs facultés.* » Il porte sur l'impôt et plus généralement sur le financement des administrations. Pour assurer les dépenses publiques, l'impôt doit être prélevé en fonction des capacités contributives. Cette notion évoluera au XXe siècle pour tenir compte de la justice sociale.
- L'article 14 dispose : « *Tous les citoyens ont le droit de constater, par eux-mêmes ou par leurs représentants, la nécessité de la contribution publique, de la consentir librement, d'en suivre l'emploi, et d'en déterminer la quotité, l'assiette, le recouvrement et la durée.* » Cet article énonce le principe du consentement à l'impôt, lequel est essentiel pour assurer le financement des services publics. Il trouverait son origine dans la Magna Carta de 1215 et serait un principe essentiel de la démocratie parlementaire.
- L'article 15 énonce quant à lui : « *La société a le droit de demander compte à tout agent public de son administration.* » Repris aujourd'hui par la Cour des comptes, le principe de rendre compte de l'emploi des deniers publics trouve une actualité à travers l'article 47-2 de la Constitution qui commande d'évaluer les politiques publiques.

2. Quelles sont les bases constitutionnelles des finances publiques en France ?

Outre les trois principes énoncés dans la Déclaration des droits de l'homme et du citoyen, le cadre constitutionnel des finances publiques est riche.

En premier lieu, l'article 24 donne rôle au Parlement de voter la loi, de contrôler l'action du gouvernement et d'évaluer les politiques publiques. Par ailleurs, les finances appartiennent bien au domaine de la loi en fonction des dispositions de l'article 34 de la Constitution qui dispose :

- d'une part, que la loi fixe les règles concernant « *l'assiette, le taux et les modalités de recouvrement des impositions de toutes natures* » ;
- et d'autre part, que les « *lois de finances déterminent les ressources et les charges de l'État dans les conditions et sous les réserves prévues par une loi organique.* »

Ensuite, les lois de financement de la Sécurité sociale déterminent les conditions générales de son équilibre financier et, compte tenu de leurs prévisions de recettes, elles fixent ses objectifs de dépenses, dans les conditions et sous les réserves prévues par une loi organique.

Par ailleurs, des lois de programmation déterminent les objectifs de l'action de l'État. Quant aux orientations pluriannuelles des finances publiques, elles sont définies par des lois de programmation. « *Elles s'inscrivent dans l'objectif d'équilibre des comptes des administrations publiques.* » Ces dispositions ont été transposées dans la loi organique relative aux lois de finances de 2001.

Enfin, d'autres articles de la Constitution prévoient :

- que les projets de loi de finances sont soumis en première lecture à l'Assemblée nationale (article 39) ;
- que le rôle du Parlement est strictement encadré en matière financière, ce qui a largement contribué à le rationaliser (article 40) ;
- que des mécanismes ont garanti l'adoption du budget de l'État dès le début de l'année civile (articles 47 et 47-1) ;
- que la Cour des comptes assiste le Parlement pour évaluer l'action publique (article 47-2) ;
- enfin, qu'existe une charte financière des collectivités territoriales (article 72-2).

3. Qu'est-ce que la LOLF ?

La loi organique relative aux lois de finances a été adoptée le 1er août 2001 et est entrée pleinement en vigueur en 2006. Elle est l'œuvre d'un député de gauche, Didier Migaud, et d'un sénateur de droite, Alain Lambert, et tourne la page de l'ordonnance du 2 janvier 1959 par laquelle le gouvernement avait fourni un cadre de discussion des lois de finances très limité aux parlementaires : 95 % des crédits étaient en effet reconduits d'une année sur l'autre sans même être débattus.

Le principe de la LOLF est de débattre des crédits votés dès le premier euro. Tout en étant encadré par les règles de l'article 40 de la Constitution selon lesquelles « *les propositions et amendements formulés par les membres du Parlement ne sont pas recevables lorsque leur adoption aurait pour conséquence soit une diminution des ressources publiques, soit la création ou l'aggravation d'une charge publique* », le Parlement bénéficie d'un cadre budgétaire permettant de mieux appréhender les conséquences liées aux choix politiques faits. En effet, la structure budgétaire prévoit que le budget de l'État est divisé en missions, elles-mêmes divisées en programmes, eux-mêmes divisés en actions. Ces actions ont des objectifs qui font l'objet d'une évaluation en fonction d'indicateurs de performance. Enfin, la LOLF renforce la responsabilité des gestionnaires de budgets opérationnels de programme (BOP).

EXEMPLE DE DÉMARCHE LOLF DU BUDGET DE L'ÉTAT

Mission	Programme	Action
Sécurité	Police nationale	Sécurité routière

Découpage de crédit budgétaire de l'État en mission/programme/action

Près de vingt ans après son adoption, il est déjà l'heure d'un premier bilan de la LOLF :
- au titre des apports, la LOLF a renforcé la responsabilité des gestionnaires tout en revivifiant le management financier de l'État, améliorant la mesure de la performance des politiques publiques et développant la sécurité comptable et budgétaire ;
- au titre des limites rencontrées, les parlementaires n'ont pas pris la pleine portée de l'analyse des documents comme la loi de règlement. L'accent a davantage été mis sur la préparation que sur l'exécution budgétaire. Les évolutions comme les services d'affacturage ou les contrôles hiérarchisés ont également fait émerger de nouveaux risques de fraudes ;
- cela fait donc naître de nouvelles pistes comme le renforcement de l'autonomie au mérite (préconisé par l'OCDE) ou une réflexion plus poussée sur la soutenabilité de la dette.

4. Qu'est-ce que le décret GBCP ?

Le décret relatif à la gestion budgétaire et comptable publique a été adopté le 7 novembre 2012 et modernise les règles qui avaient été adoptées 50 ans plus tôt par un décret de 1962. Il prévoit la mise en place d'une comptabilité budgétaire, distincte de la comptabilité générale, pour les personnes morales de droit public relevant de la catégorie des administrations publiques et, sous réserve de leurs statuts, pour les organismes non APU (adinistrations publiques) de façon à consolider les données au niveau européen.
L'introduction de la comptabilité budgétaire poursuit plusieurs objectifs :
- unifier le cadre budgétaire des organismes ;
- harmoniser et mettre en cohérence le cadre budgétaire des administrations publiques avec celui de l'État pour faciliter le pilotage des finances publiques ;
- améliorer le pilotage budgétaire des organismes et la visibilité sur leur situation financière.

En outre, tout en réaffirmant la séparation de l'ordonnateur et du comptable public, le décret introduit une nouvelle approche par l'audit des comptes qui doit transformer les règles de contrôle.

5. Qu'est-ce qu'un budget ?

Un budget de l'État, d'une collectivité ou de la Sécurité sociale peut être défini comme l'ensemble des documents votés par le Parlement, le conseil municipal, l'organe collégial qui exerce le pouvoir législatif.
En France, le Parlement est composé de deux chambres : l'Assemblée nationale et le Sénat, qui prévoient et autorisent les ressources et les charges de l'État pour chaque année.
Un budget, c'est donc un acte de prévisions et d'autorisations annuelles de perception des impôts et de dépense des deniers publics.
Il permet de retracer, de manière lisible et sincère, l'intégralité des recettes et des charges de l'État. C'est un plafond pour les dépenses. En revanche, les recettes collectées peuvent être supérieures à celles prévues.

6. Qu'est-ce que la comptabilité publique ?

La comptabilité publique enregistre les flux financiers d'un État, d'une collectivité territoriale ou d'une administration publique telle que la protection sociale. Elle permet de déterminer le budget public, c'est-à-dire le document rassemblant les recettes et les dépenses publiques qui sont classées selon des nomenclatures comptables. Elle permet de donner une image fidèle du patrimoine et de la situation financière de l'État. Elle fait partie de la comptabilité nationale, qui est la réunion de la comptabilité publique et de la comptabilité privée qui mesure l'activité économique d'un pays.

7. Que définissent les prélèvements obligatoires ?

Il s'agit de l'addition de l'ensemble des impôts perçus au profit de l'État, des collectivités locales, des organismes de Sécurité sociale… et des cotisations sociales versées par les assurés ou leurs employeurs afin d'acquérir ou de maintenir des droits et prestations.
Depuis 2001, le gouvernement présente au Parlement un rapport sur leur évolution.

Dans le cadre du budget de l'État en 2019, les recettes fiscales occupaient 90 % des produits, soit 273,5 milliards d'euros. Elles sont composées d'impôts directs et indirects.
Les impôts directs sont ceux qui sont supportés directement par les personnes qui y sont assujetties. Ils sont souvent recouvrés à l'aide d'une liste nominative de contribuables.
Les impôts indirects sont les impôts sur les dépenses, qui s'incorporent dans le prix des biens et des services consommés. Les entreprises les versent à l'État. Il en existe deux catégories. D'une part, la taxe sur la valeur ajoutée (TVA), dont le rendement aujourd'hui le plus important dans le budget de l'État est assis sur la consommation. D'autre part, les contributions indirectes qui sont des impôts spécifiques relatifs à certains produits ou activités, par exemple les taxes sur le tabac et l'alcool.

Il faut soustraire du rendement de ces taxes les exonérations et les dégrèvements qui réduisent le montant des impôts perçus par l'État.

Principales recettes fiscales dans le budget de l'État en 2020 (données en milliards d'euros d'après le budget de l'État en chiffres 2021)

	Loi de finances 2020	Prévision loi de règlement 2020
Taxe sur la valeur ajoutée	126,0	111,3
Impôt sur le revenu	75,5	72,7
Impôt sur les sociétés	48,2	29,9
Taxe intérieure de consommation sur les produits énergétiques	12,5	7,8
Autres contributions fiscales	30,8	25,1
Autres contributions non fiscales	14,4	16,3
Total	307,4	263,1

Ce tableau comparatif entre les prévisions de recettes et leur réalisation estimée en 2020 permet de mesurer l'impact de la crise sanitaire sur les ressources fiscales de l'État. Couplé à une augmentation des dépenses de 50 milliards d'euros, le déficit de l'exercice 2020 s'est donc aggravé de 93,1 milliards d'euros à 195,2 milliards d'euros.

8. Qu'est-ce qu'une dépense publique ?

Les dépenses publiques sont les dépenses effectuées par l'État, les administrations de Sécurité sociale, les collectivités territoriales et les administrations et organismes qui leur sont rattachés. Elles peuvent être classées en trois grandes catégories :

- les dépenses de fonctionnement, qui servent à la bonne marche des services publics (dépenses courantes de personnel et d'entretien, achats de fournitures...) ;
- les dépenses de redistribution : prestations en espèces versées aux ménages (ex. : pensions de retraite, allocations familiales, minima sociaux...), les subventions versées aux entreprises et aux ménages ;
- les dépenses d'investissement, qui visent à renouveler ou à accroître le capital productif public et touchent au patrimoine (ex. : les dépenses de recherche et développement, les achats d'armement, les constructions ou le gros entretien de bâtiments et d'infrastructures...).

9. Qu'est-ce qu'un déficit public ?

Le déficit budgétaire est la situation dans laquelle les recettes de l'État (hors remboursement d'emprunt) sont inférieures à ses dépenses (hors emprunt) au cours d'une année. Le déficit public correspond au besoin de financement des administrations publiques : État, collectivités, protection sociale. Le besoin de financement intègre non seulement les dépenses courantes de fonctionnement et les opérations de redistribution, mais aussi les dépenses en capital, l'investissement (FBCF – formation brute de capital fixe) ainsi que les transferts en capital et les impôts en capital.

10. Qu'est-ce que l'assiette d'un impôt ?

L'assiette de l'impôt constitue la matière imposable pour fixer les bases d'imposition. Au sens de l'article 34 de la Constitution française, c'est le législateur qui doit déterminer l'assiette de l'impôt. C'est en effet par la loi que se crée l'impôt, précision faite de la matière imposable. L'assiette fiscale s'apprécie donc compte tenu des bases imposables (la richesse taxable), exception faite des exonérations prévues par le législateur, et est multipliée par un taux pour obtenir le montant du produit de l'impôt.
Certains impôts paraissent relativement bien fléchés et les contribuables n'éprouvent donc pas de difficultés à en faire la déclaration. Cependant, certains autres à l'assiette large peuvent susciter des interrogations de la part de ceux qui doivent y contribuer. En effet, dans quelle mesure un particulier doit-il déclarer certains revenus à l'impôt sur le revenu ? La technique aujourd'hui appliquée consiste en une déclaration contrôlée. De manière subsidiaire, la technique indiciaire peut être employée pour vérifier les déclarations de revenus en comparaison du niveau de vie de certains particuliers.

L'ASSIETTE D'ANCIENS IMPÔTS

La taille est le plus ancien impôt direct à frapper le revenu net global du contribuable, son établissement en 1439 a pour objectif de financer une armée permanente. Le clergé et la noblesse jouissent alors de l'exemption. Pour chaque contribuable est attribué un « rôle » (le terme a subsisté). Pour individualiser l'impôt, des officiers sont en charge de centraliser la collecte sous la responsabilité vénale des trésoriers de France. L'idée de « proportionnalité » n'apparaît qu'au XVIIIe siècle. La gabelle est un impôt sur le sel stocké dans des greniers dédiés (près de 400 greniers juste avant la Révolution) dont le roi se réserve le monopole de la vente. Cette charge varie selon les régions et produit de grandes différences de prix allant de 1 à 13. Il en résulte une contrebande et une forte impopularité.

11. Quelle différence faire entre un dégrèvement et une exonération ?

Le dégrèvement consiste en une suppression ou une atténuation d'un impôt accordée sur réclamation d'un contribuable ou prononcée d'office par l'administration. En effet, il est accordé à la demande du contribuable par une remise gracieuse ou par la voie contentieuse. Il peut également être prononcé d'office lorsque l'administration souhaite réparer une erreur ou lorsque la loi le prévoit. C'est dans ce dernier cas de figure que se trouve la suppression de la taxe d'habitation qui doit être dégrevée pour tous les contribuables en 2021.

En revanche, l'exonération est une dispense partielle ou totale d'impôt alors même que le contribuable est susceptible d'entrer dans l'assiette d'imposition. L'exonération n'intervient que sur dispense expresse de la loi : elle vise autant des finalités économiques que sociales, culturelles ou environnementales.

12. Qu'est-ce qu'une cotisation sociale ?

Les cotisations sociales, souvent appelées charges sociales, sont des prélèvements sur la valeur ajoutée, assis sur les salaires. Les cotisations font partie de la répartition opérée sur la richesse nationale créée au cours de l'année, ou PIB. Elles constituent le salaire indirect ou différé (les actifs cotisant pour les inactifs) et sont associées au financement des prestations sociales. On distingue :

- les cotisations sociales salariales, aussi appelées cotisations sociales salariés, qui sont déduites du salaire brut (salaire net = salaire brut - cotisations sociales salariales) ;
- les cotisations sociales patronales, aussi appelées cotisations sociales employeurs, et qui sont en général plus élevées que les cotisations sociales salariales.

13. Qu'est-ce que la dette publique ?

La dette publique est l'ensemble des engagements financiers pris sous forme d'emprunts par un État, ses collectivités publiques et ses organismes qui en dépendent directement (certaines entreprises publiques, les organismes de Sécurité sociale, les budgets annexes des collectivités tels que l'eau ou l'assainissement, etc.).

La dette de l'État, qui représente 80 % de la dette publique, ne doit pas être confondue avec le déficit, situation dans laquelle se trouve le budget annuel quand les dépenses sont plus importantes que les recettes.

Toutefois, les deux indicateurs sont liés : c'est le cumul des déficits, année après année, qui fait varier l'encours de la dette de l'État, c'est-à-dire le montant total des emprunts restant à rembourser.

Contrairement à la dette publique, les engagements hors bilan (engagement de retraite, garanties de l'État, etc.) ne sont pas intégrés dans les critères de Maastricht. Il s'agit là d'un biais contestable car ces engagements constituent autant d'obligations que l'État devra par la suite honorer. Selon un rapport de la Cour des comptes de 2013, ils représentent un montant supérieur à celui la dette publique entendue au sens de l'Union européenne (plus de 3 000 milliards d'euros contre 2 300 milliards pour la France).

DETTE = ACCUMULATION DES DÉFICITS ANTÉRIEURS

Le déficit est donc la photographie d'un déséquilibre alors que la dette serait la succession de ces déficits, tel un film (le stock de dette) composé de déficits successifs (les photographies du déficit).

Le service de la dette est la somme que l'emprunteur doit payer chaque année pour honorer sa dette, en intérêt et en amortissement du capital. Il ne faut pas le confondre avec la charge de la dette, qui ne recouvre que le poids des intérêts seuls.
On distingue également le stock de dette qui est un élément du passif du bilan de la nation qui vient financer des éléments de l'actif (des investissements ou même des actifs immatériels comme notre système de protection sociale) avec les charges liées à la dette générées par ce stock (les intérêts et l'amortissement du capital) qui figurent au budget de l'année (tel un compte de résultat d'une entreprise).

14. Qu'est-ce que la politique monétaire ?

La politique monétaire est un des principaux instruments de la politique économique. Elle est placée sous la responsabilité des banques centrales (comme la Banque centrale européenne : lire la question 55). Son rôle est de fournir les liquidités nécessaires à la croissance de l'économie tout en garantissant la stabilité de la monnaie. Ces agrégats sont des instruments statistiques utilisés pour mesurer la capacité de dépense des agents de l'économie (entreprises, ménages, administrations publiques hors État, compagnies d'assurance, caisses de retraite et administrations privées).

Les agrégats de la politique monétaire

MO	Base monétaire ou monnaie centrale
M1	Liquidités (billets, pièces et dépôts à vue)
M2	M1 + dépôts à termes inférieurs ou égaux à deux ans et dépôts assortis d'un préavis de remboursement inférieur ou égal à trois mois (par exemple en France, le CODEVI, le livret A, le compte d'épargne logement, le livret d'épargne populaire...)
M3	M2 + instruments négociables sur le marché monétaire émis par les institutions financières monétaires (par exemple, les OPCVM monétaires, les certificats de dépôt et les créances inférieures ou égales à deux ans)
M4	M3 + bons du Trésor, les billets de trésorerie et les bons à moyen terme émis par les sociétés non financières

Selon la théorie quantitative de la monnaie, énoncée par Milton Friedman et les monétaristes, une hausse de la masse monétaire entraîne une inflation si elle n'est pas en corrélation avec la croissance économique. C'est pourquoi les banques centrales, comme la BCE, veillent à réguler ces masses monétaires, en faisant varier leur taux directeur qui impacte le financement de l'économie. Ce dernier a une incidence « directrice » sur le taux des prêts bancaires et donc sur la quantité de liquidités en circulation. Plus l'économie est dépressive et plus la politique monétaire libère des liquidités en baissant ses taux directeurs, c'est particulièrement la doctrine de la FED aux États-Unis.

L'ASSOUPLISSEMENT DE LA POLITIQUE MONÉTAIRE PENDANT LES CRISES

Depuis la crise de 2008 et encore avec la crise en cours, la Banque centrale européenne a adopté des moyens inédits pour améliorer le financement de l'économie et pour lutter contre le risque de déflation (baisse des prix) et le ralentissement de la croissance comme des taux négatifs payés par les banques commerciales. Celles-ci sont incitées à prêter leurs fonds plutôt qu'à les déposer à la BCE, l'adoption de taux directeurs très faibles procède de cette même volonté de dynamiser l'économie en injectant des liquidités (lire les questions 20 et 55 en compléments).

15. Qu'est-ce qu'un bilan pour un organisme public ?

Le bilan d'une collectivité ou d'un État retrace le patrimoine au 31 décembre d'un exercice, il s'agit d'une photographie des biens (actif) et de la manière dont ces biens ont été financés (le passif).

À l'actif figurent des immobilisations (des terrains, des véhicules, des bâtiments), des créances (des titres de recettes en attente de recouvrement) et enfin des disponibilités (la trésorerie sur un compte au Trésor public).

Au passif figurent des capitaux propres (tels que les dotations, les réserves, les subventions), les dettes financières ainsi que les dettes fournisseurs (en attente de paiement).

Les ressources stables (réserves, dotations, dettes) doivent permettre de financer des emplois stables (les immobilisations) : l'excédent dégagé s'appelle le fonds de roulement. Ce fonds de roulement (qui exprime un équilibre sur l'année) doit permettre de financer la trésorerie pour faire face à la relation avec les fournisseurs.

16. Qu'est-ce qu'un amortissement ?

Parfois, ce terme peut être entendu au sens de « l'amortissement financier », c'est-à-dire le remboursement du capital d'un prêt. Mais le terme d'amortissement a une autre tonalité en comptabilité.

Il s'agit d'une technique comptable qui permet de comptabiliser chaque année forfaitairement, au coût historique et selon une méthode linéaire, la dépréciation des biens, et de dégager des ressources chaque année pour les renouveler.

AMORTIR : C'EST RECONSTITUER LA VALEUR D'UN BIEN

Par exemple : si un équipement a une durée de vie de 20 ans, on comptabilise dans le budget 1/20e de sa valeur historique sous forme d'amortissement (comptablement, il s'agit d'une dépense de fonctionnement calculée, équilibrée par une recette d'investissement) de sorte qu'au bout de 20 ans, la capacité théorique à renouveler ce bien est reconstituée.

On distingue les dotations aux amortissements des dotations aux provisions qui sont une autre sorte de dépense calculée dans un budget visant le principe de prudence : dans le cas d'espèce, il s'agit par exemple de faire face à un risque probable ou à une dépréciation définitive. Par exemple, une dotation pour litige et contentieux en cas de condamnation en première instance permet de faire face à une charge si le jugement est confirmé en appel.

17. Qu'est-ce qu'une comptabilité en partie double ?

La comptabilité double se définit quand « *chaque opération de l'entreprise produit une double série de variations patrimoniales de signe contraire (en débit et en crédit) et de même valeur* ». Elle est également qualifiée de comptabilité en T, toutes les opérations du livre-journal étant écrites en termes de débit/crédit.

Cette comptabilité, si elle s'accommode bien au monde de l'entreprise, ne paraissait pas aussi pertinente aux libéralités des princes. C'est pourtant celle qui, pour des raisons de contrôles, fut transposée du secteur marchand au secteur public. C'est le comptable public qui tient aujourd'hui cette comptabilité pour ses opérations de contrôle des comptes de l'ordonnateur.

18. Qu'est-ce qu'un compte financier unique (CFU) ?

Les évolutions récentes de la comptabilité publique rendent les frontières matérielles de plus en plus ténues entre l'ordonnateur et le comptable public. La comptabilité en partie double est une conséquence de la séparation entre l'ordonnateur, qui tient le compte administratif, et le comptable, qui établit le compte de gestion. Ces deux documents doivent parfaitement coïncider pour pouvoir être adoptés.

Cette tenue double peut paraître redondante mais les informations contenues dans les deux documents présentent des différences notables.

COMPTE ADMINISTRATIF : UN DOCUMENT HYBRIDE

Le compte administratif s'apparente à un compte de résultat classique, tel qu'on peut le retrouver dans les comptes des associations, mais avec certains éléments du bilan comme la dette. Le compte de gestion se révèle plus riche d'enseignements puisqu'il aborde une démarche bilancielle (du court terme avec les liquidités au plus long terme comme les immobilisations ou la dette), quoiqu'elle soit très souvent parcellaire.

La réforme du compte financier unique vise donc à fusionner ces deux documents avec pour objet de simplifier la démarche de tenue des comptes. La Cour des comptes avait déjà fait une recommandation en ce sens en 2013. Un rapport commun de l'Inspection générale des finances (IGF) et de l'Inspection générale de l'administration (IGA) paru en août 2017 vise à promouvoir cette approche pour simplifier l'organisation comptable publique locale (le rapport définit des objectifs de clarté, de lisibilité et de fiabilité des comptes publics locaux) et faire faire des économies substantielles à l'État.

19. Qu'est-ce qu'un taux de retour sur investissement (TRI) ?

Le retour sur investissement est un ratio qui permet de calculer le pourcentage de gain à attendre d'un investissement par rapport à la mise de départ. La formule générale du retour sur investissement est : (gains - coûts de l'investissement)/coûts de l'investissement. Le taux de retour sur investissement (TRI) est un indicateur essentiel pour choisir entre plusieurs projets et déterminer celui qui rapportera le plus d'argent par rapport aux sommes initiales investies.

LE TRI POUR AIDER LE SECTEUR PUBLIC À FAIRE DES CHOIX

Appliqué au secteur public, le TRI permet de mesurer le retour sur un euro public investi. Il sert souvent à comparer plusieurs modèles de gestion et à évaluer le choix entre faire un investissement (en régie) ou le faire faire par un tiers (délégation ou concession).

20. Quel est le rôle de l'État dans le financement de l'économie ?

Au sortir de la guerre de 1945 et avec l'aide de la Banque de France nationalisée, l'État assure le financement de l'économie en orientant vers des secteurs stratégiques les ressources collectées par le Trésor public. Les institutions financières spécialisées (IFS) financent alors avec le Trésor près de 80 % de l'investissement. Pour faire face aux besoins de financement d'une économie en forte croissance, des réformes sont engagées dès la fin des années 1960 pour impliquer les banques commerciales dans le financement de l'économie. Ce système de financement était appelé « intermédié », au sens où les banques ont joué un rôle d'intermédiaire (lire question 55).

Dès la fin des années 1970, les pouvoirs publics facilitent la mise en concurrence accrue par le développement des marchés des capitaux. Par ce moyen, il s'agit de faire face à une situation de croissance ralentie et de faire participer les capitaux étrangers au financement d'une économie de plus en plus ouverte et en besoin de ressources. La « désintermédiation » s'opère ainsi ; le système de financement de l'économie en est bouleversé. C'est l'époque des années 1980, du décloisonnement des marchés financiers et de la déspécialisation des métiers qui restreignait l'activité des banques coopératives ou mutualistes. L'explosion du rôle de la Bourse sert à mettre directement en relation les acteurs qui ont des besoins de liquidités avec ceux qui ont des excédents. Le contexte de dérégulations facilite la transition vers un nouvel écosystème du financement : suppression de l'encadrement du crédit (1985), fin du contrôle des changes (1990), mise en place du marché unique européen en matière bancaire (1993). Ces nouveaux cadres et de nouvelles ressources viennent concurrencer les banques commerciales et les IFS dans leur fonction de financement de l'économie.

21. Qu'est-ce que l'effet multiplicateur dans le modèle keynésien ? Quelles sont ses limites ?

Selon son inspirateur Keynes, profondément marqué par la crise de 1929 et le fait que le marché ne s'équilibre pas par lui-même, une dépense économique a des incidences qui s'accroissent par effet d'enchaînement.

Si l'État passe une commande de 100 euros à une entreprise, celle-ci va mobiliser la majeure partie de cette somme pour acheter des fournitures et payer des salariés. Ceux-ci, à leur tour, vont utiliser la majorité de leur salaire pour consommer des produits, créant de la richesse pour d'autres entreprises, qui vont à leur tour employer des salariés, qui dépenseront leurs revenus, etc.

L'ensemble des richesses créées dépasse très largement les 100 euros injectés au départ : cette théorie est donc favorable aux dépenses publiques pour relancer la machine économique.

Cependant, l'efficacité du système dépend du comportement des ménages et des entreprises vis-à-vis de nouveaux revenus. Soit ils épargnent, et donc cette « fuite » au mécanisme bloque la circulation de l'argent, soit ils dépensent et investissent et, dans ce dernier cas, l'effet multiplicateur fonctionne.

Keynes prolonge son analyse sur l'effet multiplicateur par une reprise de l'effet accélérateur (pensé à l'origine par un autre économiste : J. M. Clark) : une hausse de la demande (par une hausse des salaires ou des prestations sociales) peut également inciter les entrepreneurs à investir pour y répondre, à condition que cette hausse paraisse durable et que les capacités de production soient saturées.

LES LIBÉRAUX CRITIQUENT LES THÈSES DE KEYNES

Pour les contradicteurs (libéraux) de cette politique interventionniste, l'effet multiplicateur peut avoir des effets pervers. Par exemple, l'effet d'éviction de la dépense publique sur l'investissement privé qui aurait pu être produit « naturellement ». L'effet multiplicateur peut être réduit selon le degré d'ouverture de l'économie : dans le cas d'une ouverture ou d'une dépendance de l'économie à l'extérieur, l'effet multiplicateur de la relance de la dépense publique peut également se traduire par un surcroît d'importations sans effet de relance sur l'économie domestique.

2 Origines et courants des finances publiques

1. Questions

22. Quelles sont les grandes étapes de la construction des finances publiques depuis le Moyen Âge jusqu'à la Révolution ?
23. Quelle est l'histoire tourmentée du consentement à l'impôt dans notre pays ?
24. Quelles sont les grandes institutions financières de l'Ancien Régime ?
25. Qu'est-ce que la loi de Wagner ?
26. Qu'est-ce que l'effet d'éviction ?
27. Qu'est-ce que l'effet de cliquet des dépenses publiques ?
28. Quelle est la différence entre une politique de l'offre et une politique de la demande ?
29. Qu'est-ce qu'une politique de relance ?
30. Qu'est-ce qu'une politique d'austérité ?
31. Quelles sont les fonctions de la dépense publique selon Musgrave ?
32. Quelles sont les dates clés de la protection sociale en France ?

2. Réponses

22. Quelles sont les grandes étapes de la construction des finances publiques depuis le Moyen Âge jusqu'à la Révolution ?

La période qui va du Moyen Âge à 1789 voit l'apparition de l'État, surtout sur le plan militaire. Il suppose de trouver de nouvelles recettes, de lever des impôts par les bureaux des finances institués en 1577. Face à l'hostilité des contributeurs, le roi se voit contraint de soumettre l'impôt à l'approbation des assemblées : c'est l'application du principe du consentement à l'impôt apparu d'abord en Grande-Bretagne.

L'accroissement de la dette publique, dès la fin du XVe siècle (l'État guerrier mais privé de ressources propres suffisantes vit des emprunts levés auprès d'une aristocratie de robe, d'épée, de mitre, ou de la grande bourgeoisie) puis tout au long du XVIIIe siècle, et les tentatives de Louis XVI de moderniser les finances publiques ne résoudront pas le problème qui sera l'un des éléments déclencheurs de la Révolution de 1789.

L'ÉTAT DE PRÉVOYANCE : LE BUDGET

À la veille de la Révolution, la monarchie française n'a pas de budget au sens strict, mais un état de prévoyance des dépenses, établi chaque année par le contrôleur général, celles-ci étant réparties par sous-ensembles : Maison du roi, Guerre, Marine, Affaires étrangères, travaux publics, gages, pensions et service de la dette. Les recettes comprises dans ces états sont les impositions, les fermes, les pays d'état, le clergé et le domaine. Le budget de l'année 1788 est en déséquilibre, ce qui n'est pas une nouveauté, et le service de la dette est le poste le plus important (41 %).

23. Quelle est l'histoire tourmentée du consentement à l'impôt dans notre pays ?

En 1314, Philippe le Bel met en avant l'insécurité pour exiger des sujets une aide financière en échange d'une protection. La taille est alors le premier impôt direct français à être prélevé de manière exceptionnelle (pour financer les guerres) mais les populations acceptent mal que cet impôt finisse par s'installer de manière permanente.
Aux XIIIe et XIVe siècles, les soulèvements paysans, à l'image des jacqueries en Île-de-France, ont lieu contre les seigneurs et le pouvoir royal naissant.
Au XIVe siècle, Paris, la ville des villes, est le théâtre d'émeutes, tournées contre les collecteurs d'impôts. À l'occasion du rétablissement de taxes sur des marchandises, la révolte des Maillotins (masse de combat de fer ou de plomb employée depuis le Moyen Âge) dure plusieurs mois avant que le pouvoir royal ne parvienne à reprendre la situation en main.
Le XVIIe siècle est marqué par d'importantes luttes sociales. Les prélèvements sur les récoltes pour financer les guerres placent les populations en situation de précarité. Certaines se révoltent, à l'image des croquants du Périgord qui restent célèbres.
Sous le règne de Louis XIV, une moitié de la paysannerie était des journaliers qui disposaient de petits lopins, une autre était manœuvrière, cherchant à se faire embaucher pour les moissons, travaillant en pluriactivité de manière saisonnière. Les ponctions fiscales, jusqu'à la moitié des revenus, ne permettent pas de dégager de productivité ni d'épargne de précaution.
Alexis de Tocqueville caractérise l'Ancien Régime par l'absence du consentement à l'impôt.
L'article 13 de la Déclaration des droits de l'homme et du citoyen de 1789 énonce : « *Pour l'entretien de la force publique, et pour les dépenses d'administration, une contribution commune est indispensable : elle doit être également répartie entre tous les citoyens, en raison de leurs facultés.* »

Globalement, les révoltes fiscales semblent resurgir quand la contrepartie de l'impôt perd de son évidence et que le service public est perçu comme dégradé. Le débat sur l'inégalité fiscale réapparaît.

24. Quelles sont les grandes institutions financières de l'Ancien Régime ?

- Banque : la première tentative de crédit public remonte à 1776 avec la Caisse d'escompte.
- Chambres de comptes : il s'agit de cours souveraines en charge de vérifier les comptes des deniers publics. Le duché de Normandie possédait une organisation financière perfectionnée, très en avance sur la France capétienne. L'existence d'une institution ducale, spécialement chargée de vérifier les comptes des officiers chargés des dépenses et de l'encaissement des recettes, comme de trancher les contestations financières, est attestée dès le XIIe siècle : elle est connue sous le nom d'Échiquier des comptes, probablement en raison de sa table recouverte du tapis quadrillé grâce auquel on effectuait les calculs.
- Contrôleur général des finances : il dirige les finances royales, il est ministre des Finances sous Louis XVI mais il a moins de pouvoir que son prédécesseur, le surintendant, supprimé en 1661. Il n'est ni ordonnateur ni contrôleur, il prépare les états à la signature du roi, il rapporte auprès de lui tout ce qui a trait aux affaires d'argent.
- Fermiers généraux : constitués en compagnies et corps, ils prennent à ferme les impôts indirects tels que la gabelle (impôt sur le sel), le tabac (sur lequel le monopole royal date de 1674 : la ferme achetait le tabac, le manufacturait et le faisait parvenir aux distributeurs).
- Intendant : il est en charge de l'administration d'une généralité (circonscription administrative), il est de justice, de police et des finances. Les intendants des finances sont conseillers d'État et dirigent les départements du Contrôle général des finances.
- Taille : c'est un impôt direct sur le revenu net du contribuable. Le clergé et la noblesse jouissent de l'exemption. Les officiers en charge de la recevoir s'appuient sur d'autres contribuables collecteurs et la transmettent aux receveurs généraux. Au XVIIIe siècle, elle est davantage proportionnée selon les professions. Le roi, ne pouvant toucher à l'exemption pour des raisons politiques, crée le vingtième, impôt qui ne connaît nulle exemption.

LE COLBERTISME FRANÇAIS

Symbole de l'interventionnisme à la française, le « colbertisme » incarne dès le XVIIe siècle un courant d'idées (comme le mercantilisme auquel il est assimilé, fondé sur l'accumulation des richesses par le commerce extérieur, ou le courant des physiocrates attaché à la terre, créatrice de richesses) qui aura une influence durable

> sur la pensée économique française. Il reste lié au rôle de la nation et de l'État (qui le précède) ainsi qu'au développement de branches de l'activité nationale telle que l'industrie du luxe que Jean-Baptiste Colbert, ministre sous Louis XIV, a favorisée en menant une politique dirigiste et protectionniste. En atteste la fondation de la Manufacture royale des glaces de miroirs en 1665, devenue par la suite la Compagnie de Saint-Gobain.
> Le Roi-Soleil, inspiré par son ministre, construit ainsi une véritable politique de spécialisation et de qualité, centrée autour de sa Cour, en concentrant richesses et talents artisanaux. Celle-ci est assise sur une recherche de qualité inspirée des meilleures productions à l'étranger à l'image des glaces de grande taille qui font l'objet d'une recherche approfondie et qui finissent par asseoir une domination française dans ce secteur.

25. Qu'est-ce que la loi de Wagner ?

Selon la loi de Wagner (1872), la part des dépenses publiques dans le produit intérieur brut augmente avec le niveau de vie. Selon cet économiste allemand, « *plus la société se civilise, plus l'État est dispendieux* ». À ses yeux, l'augmentation des dépenses publiques s'explique par l'apparition de deux catégories de nouveaux besoins :

- plus l'économie se développe, plus l'État doit investir en infrastructures publiques ;
- par l'élévation du niveau de vie : plus le niveau de vie de la population augmente, plus celle-ci accroît sa consommation de biens dits supérieurs, comme les loisirs, la culture, l'éducation, la santé. La consommation de ces biens du secteur tertiaire augmente plus vite que le revenu de la population.

26. Qu'est-ce que l'effet d'éviction ?

L'effet d'éviction est une baisse de l'investissement et de la consommation privée qui est provoquée par une hausse des dépenses publiques.
Les économistes classiques, hostiles à l'interventionnisme, pointent ainsi deux types d'éviction :

- l'éviction directe, qui résulte, selon Claude-Danièle Echaudemaison dans son *Dictionnaire économique et social*, « *d'une augmentation des dépenses publiques induisant une contraction des dépenses privées. Si l'augmentation du budget de l'État s'accompagne d'une augmentation des impôts, les ménages sont incités à réduire leur demande privée en fonction de la réduction de leur revenu après impôt* » ;
- l'éviction indirecte (ou financière), « *lorsque les entreprises privées sont partiellement évincées du marché financier par les emprunts lancés par l'État pour financer le déficit budgétaire [...]. l'intervention étatique provoque une hausse du taux de l'intérêt qui renchérit le coût des ressources financières des entreprises et les dissuade d'investir* ».

KEYNES CRITIQUE DES LIBÉRAUX

Cette thèse est critiquée par les économistes keynésiens qui font valoir que le taux d'intérêt dépend d'autres critères comme la demande anticipée et la rentabilité escomptée de l'investissement : celles-ci peuvent également être liées à la demande globale dont l'investissement public.

27. Qu'est-ce que l'effet de cliquet des dépenses publiques ?

Les fondements de la comptabilité publique moderne remontent au début du XIXe siècle ; l'émergence d'un appareil d'État de plus en plus interventionniste les consolide. Les dépenses publiques représentent environ 10 % du produit intérieur brut (PIB) avant 1914, 40 % en 1948 et près de 57 % aujourd'hui. Chaque guerre a joué tel un effet de montée de palier puis de cliquet à la baisse de ces dépenses en relation avec l'évolution des besoins des populations. Sur cette période, la montée en puissance des collectivités a été constante. Elle s'est même accélérée ces trois dernières décennies sous l'effet de l'État providence.

28. Quelle est la différence entre une politique de l'offre et une politique de la demande ?

Les partisans d'une politique de la demande estiment en période de crise que le meilleur moyen d'augmenter la production et la croissance est d'augmenter la demande par la dépense publique ou la consommation. Pour les partisans d'une politique de l'offre, l'idée est d'offrir davantage de liberté aux entreprises, pour qu'elles puissent produire plus facilement, plus librement, et à moindre coût. Selon la loi de Say, « *l'offre crée sa propre demande* » avec une hausse de la croissance sans hausse de l'inflation.

29. Qu'est-ce qu'une politique de relance ?

Inspirée par les théories de Keynes sur l'effet multiplicateur, une politique de relance est un ensemble de mesures de politique économique, qui s'effectue par des dépenses publiques supplémentaires et de réduction de certains impôts, et donc dégradant le solde public (ou accroissant le déficit budgétaire), décidées par le gouvernement d'un pays ou d'une zone économique (UE...) dans le but de provoquer une « relance économique », c'est-à-dire une augmentation de l'activité économique et une réduction du chômage lors des périodes de faible croissance ou de récession.

LES POLITIQUES DE RELANCE D'APRÈS GUERRE

Cette politique a par exemple été mise en œuvre dans l'après-guerre, en France, principalement par des crédits publics et l'aide américaine consentie au titre du plan Marshall qui a stimulé l'essor de la production et assuré la reconstruction économique.

Autre expérience : elle a été amorcée en 1981 avec l'arrivée de la gauche au pouvoir en France avant d'être interrompue en 1982 en raison de la hausse des importations et de la dégradation des comptes publics qu'elle a pu alimenter.

Elle a été actionnée plus récemment en France et en Europe lors de la crise de 2008 pour atténuer les effets de la récession. La forte hausse de leur dette publique qui s'ensuivit a incité les pays à rapidement abandonner ces mesures de relance, puis à adopter des plans d'austérité dès 2010.

Les partisans de la relance mettent en avant les effets positifs des politiques budgétaire et monétaire expansionnistes sur la croissance et l'emploi tandis que ses critiques avancent les risques de « surchauffe » (relance de l'inflation, bulles artificielles) ou le fait que les consommateurs anticipent les impôts futurs liés au gonflement de la dette publique, ce qui tendrait à atténuer les effets attendus de la relance.

Les termes du débat entre partisans et opposants à une politique de relance ont été largement renouvelés à l'occasion de la crise récente dite du coronavirus. D'une part, parce que le séisme généré est plus global et massif que celui de 2008 (lire la question 166). D'autre part, parce que le courant interventionniste a repris de la vigueur jusque dans les institutions internationales telles que la Banque centrale européenne, en faveur d'un recours plus souple au levier de l'endettement (lire les questions 79 et 180). Enfin, ce débat a ravivé des oppositions politiques traditionnelles (lire la question 199).

30. Qu'est-ce qu'une politique d'austérité ?

Une politique d'austérité est une politique économique restrictive, prônant le retour aux « grands équilibres » (lutte contre l'inflation, retour à l'équilibre budgétaire, rétablissement de l'équilibre extérieur) par le biais d'une réduction des dépenses publiques, d'une hausse de la fiscalité, d'une baisse des prestations sociales, d'une hausse des cotisations, etc.

Cette politique a été mise en œuvre dans les années 1980, notamment en Grande-Bretagne sous la gouvernance de Margaret Thatcher, ou plus récemment après la crise de 2008, en 2010, avec des pays fortement endettés comme l'Espagne, le Portugal ou la Grèce.

Pour ses partisans, la perspective d'un assainissement budgétaire et donc d'une réduction future du fardeau fiscal alimenterait la confiance et inciterait par là même le secteur privé à davantage dépenser.

Pour ses contradicteurs, une politique d'austérité a fréquemment l'effet de contracter la demande et le pouvoir d'achat. Les citoyens dépensent moins en lien avec l'austérité salariale (qui est la contrepartie d'une maîtrise des coûts pour les entreprises dans un contexte de politique d'offre), ce qui fait stagner l'économie globale et pénalise l'investissement (les entreprises ont tendance à moins investir si elles ne perçoivent pas de débouchés).

31. Quelles sont les fonctions de la dépense publique selon Musgrave ?

En 1959, dans *Une théorie des finances publiques*, Musgrave veut construire une théorie de l'action par les dépenses et les recettes publiques. Il définit les champs où l'intervention de l'État est nécessaire et il dresse une synthèse sur les fondements de la politique économique. Il organise les fondements de la dépense publique autour de trois fonctions :

- la fonction d'allocation des ressources consiste à rétablir un usage des ressources optimal, à chaque fois que le jeu spontané des échanges et des marchés s'écarte de cet optimum ;
- la fonction de distribution vise à corriger la répartition spontanée des revenus et des richesses en vue d'instaurer une plus juste répartition ;
- la fonction de stabilisation macroéconomique qui correspond au rôle de l'État moderne, en relançant l'activité face à une dépression ou en restreignant les dépenses publiques face à de l'inflation (ex. : *stop and go*).

32. Quelles sont les dates clés de la protection sociale en France ?

- Avant 1945 : les premiers régimes de socialisation des risques et la création des « assurances sociales ».
  - 8 avril 1898 : loi assurant la protection contre les accidents du travail des salariés de l'industrie.
  - 5 avril 1928 et 30 avril 1930 : lois créant au bénéfice des salariés de l'industrie et du commerce le premier système complet et obligatoire d'assurances sociales (couverture des risques maladie, maternité, invalidité, vieillesse, décès).
- La création de la Sécurité sociale, le « plan » de 1945 mis en œuvre par Pierre Laroque, père du système français, marqué par le souvenir de la crise de 29 et le rapprochement des groupes sociaux pendant la Seconde Guerre mondiale.
  - Mars 1944 : le Conseil national de la Résistance propose dans son programme un « *plan complet de Sécurité sociale visant à assurer, à tous les citoyens, des moyens d'existence dans tous les cas où ils sont incapables de se les procurer par le travail* ».
  - Octobre 1945 : ordonnances assurant la création du système de Sécurité sociale en France sur le modèle bismarckien (gestion par les partenaires sociaux, financement par des cotisations à la charge des employeurs et des salariés) ; la refonte du système des assurances sociales des années 1930 ; reconnaissance du rôle complémentaire des mutuelles. L'ordonnance du 4 octobre crée un régime général ayant vocation à rassembler l'ensemble des actifs (salariés des secteurs privé et public, exploitants

agricoles, travailleurs indépendants et secteurs spécifiques d'activité), elle reconnaît également la possibilité de maintien de certains régimes particuliers de Sécurité sociale préexistants (régimes dits « spéciaux »).

- Quelques évolutions du système de Sécurité sociale français depuis le « plan » de 1945.
  - 4 juillet 1975 : loi assurant la généralisation à l'ensemble de la population active de l'assurance vieillesse obligatoire.
  - 26 mars 1982 : ordonnance abaissant l'âge de la retraite à 60 ans.
  - 1er décembre 1988 : loi créant le revenu minimum d'insertion (RMI), prestation financée par le budget de l'État mais versée par les caisses d'allocations familiales.
  - 29 décembre 1990 : loi créant la contribution sociale généralisée (CSG). Prélèvement assis sur l'ensemble des revenus, elle reflète l'inflexion vers la « nationalisation », autrement appelée la « fiscalisation » de la protection sociale (en opposition au système de cotisations sociales).
  - 22 juillet 1993 : loi réformant les retraites (augmentation de la durée d'assurance requise pour bénéficier d'une pension à taux plein pour les salariés du secteur privé, prise en charge par la solidarité nationale du financement de prestations versées sans contrepartie de cotisations).
  - 1996 : création des lois de financement de la Sécurité sociale (LFSS) et de l'ONDAM (objectifs de dépenses par branches) dans un objectif de maîtrise budgétaire fixé par le Parlement.
  - 27 juillet 1999 : loi créant la couverture maladie universelle (CMU).
  - 21 août 2003 : loi portant réforme des retraites (harmonisation progressive de la durée d'assurance pour bénéficier d'une pension à taux plein entre les différents régimes, évolution progressive de cette durée d'assurance en fonction des gains d'espérance de vie, création de dispositifs de retraites anticipées pour les assurés ayant commencé à travailler jeunes et ayant effectué de longues carrières).
  - 13 août 2004 : loi portant réforme de l'assurance maladie : création du médecin traitant, du dossier médical personnel, promotion des médicaments génériques, aide à l'acquisition d'une couverture complémentaire, responsabilisation des assurés sociaux par la création du forfait de 1 euro...
  - 9 novembre 2010 : loi portant réforme des retraites (recul progressif de l'âge légal de départ à la retraite – de 60 à 62 ans –, prise en compte de la pénibilité, dispositif « carrières longues », amélioration des règles de calcul des retraites des femmes, lutte contre les inégalités de salaires entre hommes et femmes, rapprochement des règles entre fonction publique et secteur privé...).

Source : calendrier social, Vie-Publique.fr

LA QUESTION SOCIALE AVANT L'IDÉE DE LA « SÉCU »

C'est véritablement à partir de la Révolution française et le développement des Lumières contre l'obscurantisme que l'action sociale de l'État se développe, en concurrence avec l'action religieuse, dans un premier temps guidée par la lutte contre la mendicité, l'insécurité et les épidémies. Avec la révolution industrielle, il contrôle l'initiative privée (les sociétés de secours mutuel). L'action privée et celle des collectivités sont déterminantes, certains départements mettent en place des systèmes d'assistance gratuite. L'État cristallise ces acquis dans les lois de la IIIe République.

Les débats parlementaires qui ont précédé l'adoption de la plupart de ces lois évoquent surtout des préoccupations d'ordre public et pointent « *la misère criminogène des cités ouvrières* ». Dans son *Tableau de l'état moral et physique des ouvriers*, Villermé, ancien chirurgien, décrit le travail des enfants et fait apparaître la responsabilité patronale. Le rapport Villermé a une influence sur l'élaboration de la loi qui, en 1841, limite le temps de travail des enfants. La loi du 15 juillet 1893 crée l'assistance médicale gratuite (AMG), elle permet aux plus pauvres (malades, vieillards et infirmes privés de ressources) de bénéficier, à l'hôpital comme à domicile, d'un accès gratuit aux soins de santé. « *La santé des travailleurs qui intéresse d'une manière si intime le développement normal de la production exige que l'on mette à la portée de tous les secours médicaux* » : les nécessités dues à l'exode rural et au développement industriel (1830-1860) s'ajoutent aux craintes initiales liées aux « classes dangereuses ». La loi du 27 juin 1904 institue le service départemental d'aide sociale à l'enfance et la loi du 14 juillet 1905 institue l'assistance aux vieillards infirmes et incurables. Tout français privé de ressources, incapable de subvenir par son travail aux nécessités d'existence, âgé de plus de 70 ans ou ayant une maladie incurable, peut être accueilli gratuitement dans les hôpitaux ou les hospices.

3 La décentralisation financière

1. Questions

33. Quel est le poids de la dépense locale ?
34. Quels sont les fondements juridiques de la décentralisation financière ?
35. Les compétences des collectivités influencent-elles la structure des budgets ?
36. Qu'est-ce que le principe de « libre administration » des collectivités et quelle est sa portée financière ?
37. Quelles différences existe-t-il entre autonomie fiscale et autonomie financière ?
38. Qu'est-ce que la péréquation ?
39. Quelle est l'incidence de l'intercommunalité sur les dépenses locales ?
40. Quel est le rôle des collectivités dans les dépenses sociales ?
41. Quel est le rôle de la région dans les financements des projets locaux ?
42. Existe-t-il des budgets locaux plus rigides que d'autres ?
43. Quels sont les grands modes de gestion du service public local ?

2. Réponses

33. Quel est le poids de la dépense locale ?

Ce que représente la dépense locale :

- 11 % de la richesse nationale (PIB) ;
- 12 % de la commande totale du bâtiment ;
- 40 % du chiffre d'affaires des entreprises de travaux publics ;
- 70 % de l'investissement public civil ;
- 80 % des marchés passés en nombre et 85 % des concours de maîtrise d'œuvre.

Selon les données de l'Observatoire des finances et de la gestion publique locale, les dépenses des administrations publiques locales représentaient un peu moins de 17 % du PIB en 1982. Elles ont progressé jusqu'à atteindre un peu plus de 21 % en 2008 pour se contracter et s'installer autour de 20 % depuis lors. Analysant les données d'Eurostat, France Stratégie constate que le poids de la dépense locale est relativement faible en France, aux Pays-Bas, au Royaume-Uni et en Belgique. En revanche, il est plus important dans les pays du Nord et en Espagne, à tradition plus décentralisatrice, notamment dans les domaines de l'enseignement et de la protection sociale. Malgré les évolutions récentes, la France reste un État plus centralisateur.

34. Quels sont les fondements juridiques de la décentralisation financière ?

La loi du 2 mars 1982 est une disposition majeure de la décentralisation, car elle supprime le contrôle *a priori* du préfet des actes administratifs des collectivités territoriales au profit d'un contrôle *a posteriori*. Les collectivités territoriales, administrées par des conseils élus, vont désormais pouvoir s'administrer librement, à charge pour le préfet d'assurer l'unicité d'application de la loi sur le territoire de la République.
Les actes de la décentralisation ont été comme des vagues successives qui sont venues préciser le cadre dans lequel l'État et les collectivités entendaient se partager les missions. La décentralisation se définit comme un processus consistant pour l'État à transférer aux collectivités des compétences et les financements qui les accompagnent.

- La loi du 2 mars 1982 est majeure puisque, outre la suppression de la tutelle de l'État sur les collectivités, la loi est complétée par d'autres, telles que les lois du 7 janvier 1983 et du 22 juillet 1983, relatives à la répartition des compétences entre les communes, les départements et les régions et l'État.
- La révision constitutionnelle du 28 mars 2003 est venue modifier les termes de la Constitution et particulièrement le titre XII relatif aux collectivités. Les dispositions des articles 72, 72-1 et 72-2 sont celles qui sont en application depuis lors et concernent les grands principes relatifs à la décentralisation, à la démocratie locale et aux relations financières entre l'État et les collectivités.

L'ACTE III INACHEVÉ

L'acte III de la décentralisation est complexe à dater. Initiées par le président Sarkozy, les dispositions de la loi du 16 décembre 2010 relative à la réforme des collectivités territoriales (création d'un conseiller territorial, des métropoles et suppression de la clause générale de compétences pour les départements et les régions) ont en effet été remises en cause par l'élection du président Hollande qui, avec la loi du 27 janvier 2014 relative à la modernisation de l'action publique territoriale et d'affirmation des métropoles, a modifié les dispositions relatives aux métropoles et est revenue sur la suppression de la clause générale de compétences avant d'être rétablie le 8 août 2015 par la loi relative à la nouvelle organisation territoriale de la République.
Cet acte III laisse un goût d'inachevé puisqu'il était aussi question de réformer la démocratie locale. L'entremêlement des compétences entre différents niveaux de collectivités est par ailleurs confirmé.

> Après l'impact de la crise sanitaire qui a mis en lumière aux yeux de certains la souplesse du modèle fédéral allemand et les chevauchements de compétences en France, les évolutions à venir pourraient consacrer les principes suivants :
> • un droit à la différenciation des collectivités, processus assez novateur dans un pays non coutumier d'une décentralisation à la carte, même si ce droit devrait être relativement encadré, notamment pour protéger les droits les plus fondamentaux ;
> • une réduction accrue des doublons de compétences entre collectivités ;
> • une poursuite des transferts de compétences dans plusieurs domaines comme le logement, les transports ou la transition écologique.
> Deuxièmement, un projet de loi engagement et proximité devrait reconnaître l'importance de l'échelon communal et du maire. Ce projet est une conséquence du « Grand débat » tenu en 2019.
> Troisièmement, une réforme de la fiscalité locale devrait entrer en vigueur dès la loi de finances initiale de 2020 de manière à :
> • concentrer la fiscalité locale sur le bloc communal (communes et leurs EPCI – établissements publics de coopération intercommunale) qui désormais bénéficie seul de la clause générale de compétences ;
> • consacrer des ressources issues de quote-part de la fiscalité nationale aux départements et aux régions ;
> • revoir la fiscalité locale qui pèse sur la production notamment du secteur industriel, dont le caractère stratégique et l'importance sur la souveraineté de notre pays ont été débattus à l'occasion de la crise sanitaire.

35. Les compétences des collectivités influencent-elles la structure des budgets ?

Le budget d'une collectivité contient, d'une part, des dépenses liées à l'exploitation courante et, d'autre part, des dépenses liées au patrimoine.

Première catégorie : les dépenses « courantes » ou charges de fonctionnement. Parmi les postes principaux, les charges fixes dont les frais de personnel nécessaires au fonctionnement du service public local, les contingents pour actions sociales ou pour incendies (obligatoires), les subventions dans les domaines culturels ou sportifs, les achats courants dont les consommables et les dépenses de fluides (eau, gaz...), les dépenses d'entretien, les assurances. Les intérêts de la dette constituent, avec les frais de personnel, les dépenses obligatoires.

Pour une région, les dépenses propres de fonctionnement de l'administration représentent généralement moins de 10 à 15 % du total du budget alors que ce poids peut dépasser 40 %, voire 60 % pour une commune qui « produit » du service public avec ses ressources propres. Le département, quant à lui, a une part plus importante de son budget consacrée aux transferts car il verse le RSA notamment.

Deuxième catégorie : toutes les dépenses liées à l'investissement et au patrimoine. L'effort d'équipement des collectivités représente environ les trois quarts de l'investissement public, une part non négligeable de l'activité du BTP et l'essentiel des marchés. Outre la part d'amortissement de la dette, les travaux en cours ou les immobilisations achevées (neuf ou gros entretien) constituent l'essentiel de ce compartiment du budget d'investissement. Au-delà du premier et du second œuvre, l'effort d'équipement comprend une part dite incompressible, constituée du gros entretien courant sur le patrimoine existant. La commune intervient le plus sur son patrimoine (voie publique, établissements primaires) tandis que la région aide au soutien des investissements par des subventions.

36. Qu'est-ce que le principe de « libre administration » des collectivités et quelle est sa portée financière ?

L'alinéa 3 de l'article 72 de la Constitution (relatif aux grands principes applicables aux collectivités territoriales) proclame le principe de libre administration des collectivités territoriales. Ce principe est par ailleurs affirmé par l'article 34 de la Constitution comme relevant du domaine de la loi. Comme pour chaque alinéa de l'article 72, l'alinéa 3 rappelle que la décentralisation ne peut s'exercer dans un pays unitaire que dans le respect du cadre contraint qui lui est imposé par l'État. Sur un plan juridique, les collectivités peuvent agir sous le contrôle du préfet qui peut décider de déférer une délibération qui lui semble contraire à l'État de droit au juge administratif : il peut en aller ainsi en matière de police administrative et les préfets bénéficient même d'un pouvoir de substitution lorsqu'ils considèrent que les exécutifs locaux ne respectent pas leurs prérogatives.
De même, sur un plan financier, les collectivités ne sauraient agir que dans le cadre du respect des principes budgétaires. La suppression d'un impôt ne saurait remettre en cause la libre administration des collectivités, comme ce fut le cas avec la taxe professionnelle (Conseil constitutionnel, n° 2009-599 DC, 29 décembre 2009). En d'autres termes, les collectivités territoriales s'administrent librement en tenant compte des recettes dont elles disposent, mais il revient toujours au législateur, selon les termes de l'article 34 de la Constitution, de préciser « *l'assiette, le taux et les modalités de recouvrement des impositions de toutes natures* ».
Ce principe de libre administration est tempéré par le fait que le législateur continue de détenir la compétence des collectivités locales, c'est-à-dire qu'il décide des compétences que peuvent détenir les collectivités.

37. Quelles différences existe-t-il entre autonomie fiscale et autonomie financière ?

Au sens traditionnel, l'autonomie financière des collectivités territoriales signifie qu'elles disposent de budgets autonomes adoptés par des conseils élus. Au sens moderne, l'autonomie financière se définit comme la capacité de financer des dépenses de leur libre choix. Ainsi, l'autonomie financière s'entend davantage comme une liberté de la dépense que comme une capacité à fixer les recettes. La marge de l'autonomie financière des collectivités territoriales est donc éminemment liée à la capacité des collectivités à faire face à des dépenses non obligatoires. Les dispositions relatives à l'autonomie financière des collectivités sont fixées à l'article 72-2 de la Constitution ainsi que dans la loi organique du 29 juillet 2004.

L'autonomie fiscale est la capacité des collectivités territoriales à fixer librement leurs recettes en disposant des différents paramètres de l'impôt (assiette, taux, exonérations, etc.). En France, une raison essentielle des tensions entre l'État et les collectivités territoriales résulte du malentendu de la libre administration érigé à l'article 72 de la Constitution. Les collectivités considèrent qu'elle ne peut exister qu'en raison de l'autonomie fiscale qui a été mise en cause au cours des dernières années par des décisions comme la suppression de la taxe professionnelle ou des dégrèvements à la taxe d'habitation. L'article 72-2 de la Constitution dispose à ce sujet : « *Les collectivités territoriales bénéficient de ressources dont elles peuvent disposer librement dans les conditions fixées par la loi. Elles peuvent recevoir tout ou partie du produit des impositions de toutes natures. La loi peut les autoriser à en fixer l'assiette et le taux dans les limites qu'elle détermine. Les recettes fiscales et les autres ressources propres des collectivités territoriales représentent, pour chaque catégorie de collectivités, une part déterminante de l'ensemble.* » L'autonomie fiscale n'existe donc pas constitutionnellement, ce que le Conseil constitutionnel a rappelé à de nombreuses reprises (Conseil constitutionnel, n° 2009-599 DC, 29 décembre 2009).

Reprenant une étude de l'OCDE, France Stratégie a publié en juillet 2019 une comparaison européenne de l'autonomie des collectivités territoriales qui montre « *qu'elles apparaissent très autonomes sur leur fiscalité propre, en particulier si on les compare avec les États fédérés* » mais qu'elles « *n'ont que peu de pouvoir de décision sur les recettes fiscales qui sont partagées avec l'État central* ». L'autonomie fiscale reste cependant très variable selon le niveau de collectivité.

NATIONALISATION DES RESSOURCES : PERTE D'AUTONOMIE FISCALE

Les collectivités disposent d'une autonomie financière relative sur leurs recettes, elle a en effet été réduite par la nationalisation progressive de la fiscalité locale. Cette évolution traduit le mouvement de diminution du poids de l'impôt dans les budgets locaux au profit des dotations de l'État qui se substituent à lui. Autant un impôt peut être modulé par le taux de pression fiscale, autant une subvention d'État reçue en compensation de la suppression de cet impôt ne donne aucune marge de manœuvre à la collectivité. Cette perte d'autonomie fiscale est l'objet d'inquiétudes des élus locaux.

38. Qu'est-ce que la péréquation ?

Certaines dotations sont attribuées pour corriger des situations d'inégalité ; c'est ce qui est désigné par le terme « péréquation » : elle peut être verticale (de l'État vers les collectivités) ou horizontale (entre collectivités « riches » et « pauvres »).

- D'une part, la péréquation verticale, par laquelle l'État verse unilatéralement des dotations de péréquation aux collectivités territoriales, pour favoriser l'égalité entre elles. Les modalités de cette péréquation sont définies par l'État et ne laissent aucune marge de manœuvre aux collectivités concernées. Il s'agit notamment de la dotation de solidarité urbaine (DSU) en faveur des quartiers en zone sensible.
- D'autre part, la péréquation horizontale, par laquelle l'État attribue aux collectivités les moins favorisées une part des ressources fiscales perçues par les collectivités les plus riches. À chaque niveau de collectivité, il existe des fonds qui permettent une égalisation des moyens financiers entre collectivités.

39. Quelle est l'incidence de l'intercommunalité sur les dépenses locales ?

La dépense d'une commune peut être transférée à l'intercommunalité avec la compétence qui la concerne. En matière de tourisme par exemple, une commune peut transférer la gestion de cette compétence à l'intercommunalité en fonction d'un intérêt partagé du territoire plus souvent appelé « communautaire ».

La structure intercommunale exerce ainsi à la place de ses communes membres des compétences définies par ses statuts. Ces compétences sont obligatoires, optionnelles ou facultatives.

Les compétences obligataires sont imposées par la loi et diffèrent selon la nature de l'intercommunalité : les communautés de communes, qui ont des moyens financiers limités, ont moins de compétences obligatoires que les communautés urbaines ou les métropoles. Les compétences optionnelles sont choisies parmi une liste fixée par la loi. Les compétences facultatives sont librement définies par les communes membres au terme de l'intérêt communautaire.

De ce fait, deux communautés de même nature peuvent exercer des compétences différentes. L'hétérogénéité des situations est accentuée par la notion d'intérêt communautaire. La loi n'apporte aucune méthodologie pour fixer l'intérêt communautaire. Dans la majorité des cas, celui-ci est déterminé sur la base de critères objectifs (critères financiers et physiques).

40. Quel est le rôle des collectivités dans les dépenses sociales ?

Pour simplifier, on pourrait distinguer les dépenses sociales des collectivités de proximité et celles portées par le département, chef de file de l'action sociale et de l'insertion.

L'action sociale de proximité désigne l'ensemble des actions mises en œuvre par les acteurs d'un territoire, en proximité, c'est-à-dire dans un maillage au plus près des habitants, dans l'objectif de favoriser l'accès aux droits, développer le lien social et lutter contre la précarité et les exclusions. Les principaux acteurs de l'action sociale de proximité sont :

- les communes et intercommunalités à travers les centres communaux ou intercommunaux d'action sociale (CCAS et CIAS) ;
- les services sociaux du conseil départemental, souvent implantés en proximité dans les territoires sous forme de maisons départementales des solidarités, unités territoriales d'action sociale (UTAS) ou centres médico-sociaux.

L'action sociale de proximité comprend de nombreuses actions et prestations à destination des plus fragiles : accueil, information, première évaluation de la demande et orientation vers le bon interlocuteur, accès aux droits (aide au remplissage d'un dossier par exemple), actions de lutte contre l'isolement, d'animation sociale, prestations financières ponctuelles et d'urgence, accompagnement individuel, actions collectives, mobilisation des ressources de proximité du territoire.

L'action sociale peut être plus générale que celle de premier recours, en « proximité » : c'est l'une des principales compétences des départements ; elle représente aujourd'hui plus de la moitié de leur budget de fonctionnement.

DÉPARTEMENT : CHEF DE FILE DE L'ACTION SOCIALE

En matière d'action sociale, les départements sont compétents en particulier dans les domaines du financement du RSA, de l'accompagnement des bénéficiaires du RSA dans le cadre des politiques d'insertion sociale et professionnelle, des politiques de l'enfance et de la famille : missions de protection maternelle et infantile, de l'accompagnement à la parentalité, des politiques d'autonomie des personnes âgées et des personnes handicapées (participation au financement des EHPAD, financement total ou partiel des établissements pour personnes handicapées, pilotage et mise en œuvre d'actions de prévention et d'accompagnement de la perte d'autonomie, etc.)

41. Quel est le rôle de la région dans les financements des projets locaux ?

La loi portant nouvelle organisation territoriale de la République (NOTRe) du 7 août 2015 a renforcé les compétences régionales. La région a surtout des fonctions de programmation, de planification et d'encadrement de l'action des collectivités situées dans son ressort. Ayant perdu la compétence générale, la région dispose des compétences énumérées par les diverses lois qui se sont succédé depuis 1983. La région est le niveau de collectivité qui aide les niveaux politico-administratifs inférieurs (département, bloc communal) à boucler les financements de leurs projets tout en posant les cadres (schémas) de leurs interventions (rôle de planification en matière économique, d'aménagement).

Néanmoins, la région conserve de ses anciennes compétences une vocation à financer en propre des politiques publiques, notamment la gestion des transports régionaux de voyageurs (réseau des trains express régionaux, TER), et la participation au financement des infrastructures, comme la construction de nouvelles lignes de TGV ; mais également la construction, l'entretien et le fonctionnement des lycées d'enseignement général et des lycées et établissements d'enseignement agricole.

42. Existe-t-il des budgets locaux plus rigides que d'autres ?

Oui, dans la mesure où la commune produit du service public alors que la région a davantage vocation à orienter les investissements et compléter leur financement. Le bloc communal (commune et intercommunalité) est donc fortement contraint par des dépenses structurelles liées à ses compétences de proximité quand la région peut davantage replier sa voilure budgétaire car sa composante « investissement » la prédispose plus facilement. En revanche, la région dispose d'une faible autonomie fiscale (elle ne décide du taux que de la carte grise, elle ne dispose pas d'autre pouvoir de taux fiscal, contrairement à la commune).

Le département est, lui, contraint dans ses dépenses en lien avec ses compétences dans l'action sociale, qui induisent des dépenses obligatoires (le versement du RSA).

43. Quels sont les grands modes de gestion du service public local ?

On peut distinguer deux grands modes de gestion : la régie et la délégation de service public. Cela renvoie à la notion du « faire » et du « faire faire » du service public.

- Dans la gestion directe ou régie, la collectivité gère elle-même le service avec ses propres ressources. Les recettes et les dépenses de la régie tombent dans le pot commun qui est le budget de la commune. Le mode le plus direct est la régie simple (souvent utilisée pour gérer les cantines par exemple…).
- La collectivité peut également décider de confier la gestion d'un service à un tiers (public ou privé), mais elle conserve le pouvoir de contrôler la conformité de l'action du gestionnaire avec les exigences de l'intérêt général :
  - dans le cas de l'affermage, cela consiste à confier l'exploitation du service à un tiers. Les recettes et les dépenses d'exploitation du service sont tenues dans une comptabilité d'un tiers qui supporte les investissements et la dette ;
  - dans le cas de la concession, cela permet de confier l'exploitation et le premier investissement du service à un tiers. Aucune recette ni dépense n'apparaissent plus dans les comptes de la commune : la gestion du service est extrabudgétaire. Des tiers partenaires peuvent également produire du service public, par contrat ou convention.

4 Fondements de la protection sociale

1. Questions

44. Quels sont les deux idéaux-types des systèmes publics de protection sociale ?

45. Quels sont les trois grands régimes de l'État providence ?

46. Que recouvre le financement de la protection sociale ?

47. Quels sont les risques couverts par les prestations sociales ?

48. Qu'est-ce qu'une prestation sociale et qui les finance ?

49. Qui verse les prestations sociales ?

50. Qu'est-ce que le risque dépendance ?

51. Comment se finance l'hôpital ?

2. Réponses

44. Quels sont les deux idéaux-types des systèmes publics de protection sociale ?

On distingue généralement le modèle bismarckien (fondé sur la conception du chancelier Bismarck) et le modèle beveridgien (reposant sur les idées de l'économiste Beveridge).

- Le premier renvoie à des modes de prise en charge privilégiant la logique assurantielle : les prestations sont versées aux individus qui se sont assurés contre tel risque, les cotisations ne sont pas proportionnelles aux risques – comme dans la logique assurantielle – mais aux salaires, c'est la « socialisation du risque ».
- Le second renvoie à une logique assistancielle (les prestations sont versées aux individus qui en ont besoin) selon les « 3 U » : universalité de la protection sociale par la couverture de toute la population (ouverture de droits individuels) et de tous les risques, uniformité des prestations, fondée sur les besoins des individus et non sur leurs pertes de revenus en cas de survenue d'un risque, unité de gestion étatique de l'ensemble de la protection sociale.

LA FRANCE : UN MODÈLE DANS L'« ENTRE-DEUX »

La France emprunte au modèle beveridgien malgré le morcellement des régimes de Sécurité sociale, la prise en compte par une logique assurantielle financée par l'impôt (RSA, CMU) et le fait que le risque chômage n'est pas pris en charge par la Sécurité sociale. Cependant, notre pays emprunte davantage au système bismarckien dans la mesure où les cotisations permettent d'accéder à des droits (l'impôt est fléché sur le financement des minima), la gestion des différents régimes est paritaire et la logique (chômage, retraite) est celle d'un revenu de remplacement qui maintient la hiérarchie sociale (en Grande-Bretagne par exemple, les allocations chômage sont universelles et ne tiennent pas compte du dernier salaire).

45. Quels sont les trois grands régimes de l'État providence ?

Popularisés notamment par l'économiste et sociologue danois Esping-Andersen, les principaux régimes de l'État providence sont, du plus faible au plus fort :

- le *welfare state liberal* ou le modèle libéral : il laisse les mécanismes du marché prédominer, la protection est limitée aux plus faibles, à la fois contrôlés socialement dans leurs besoins et stigmatisés. L'assurance sociale est modeste, les assurances privées prédominent ;
- le modèle conservateur ou bismarckien : la protection sociale est attachée au travail salarié, elle vise le maintien même partiel des revenus. Les régimes de sécurité sont pluriels, la redistribution est relativement faible ;
- l'État social : universaliste, social-démocrate (ou socialiste) dans la tradition nordique, il assure un niveau de protection élevé à tous, une offre importante de services sociaux et une redistribution élevée. Le financement ne se fait pas sur la base de la rémunération obtenue sur le marché (cotisation en fonction du salaire) : il est réalisé par l'imposition de toute la population (impôt).

46. Que recouvre le financement de la protection sociale ?

Les administrations de Sécurité sociale (ASSO) regroupent l'ensemble des régimes de Sécurité sociale (régimes généraux et régimes spéciaux), les hôpitaux ainsi que les régimes de retraite complémentaire et l'assurance chômage.

Depuis 1996, les objectifs de dépenses et les prévisions de recettes des administrations de Sécurité sociale sont votés tous les ans par le Parlement dans le cadre de l'examen de la loi de financement de la Sécurité sociale (LFSS). Le champ des LFSS est plus restreint que celui des ASSO : il n'intègre pas les régimes complémentaires obligatoires, le régime de l'assurance chômage ni les comptes des hôpitaux.

Inversement, la notion de protection sociale en France, plus importante que dans la moyenne des pays de l'OCDE, est plus large que le champ des ASSO, puisqu'elle comprend également les dépenses sociales des autres administrations publiques (État, collectivités territoriales) et des organismes privés tels que les mutuelles et les régimes de prévoyance.

47. Quels sont les risques couverts par les prestations sociales ?

Les comptes de la protection sociale définissent six catégories de risques, dont deux représentent plus des trois quarts des prestations :

- le risque « vieillesse-survie », qui comprend la prise en charge des retraites et de la dépendance. Il représente environ la moitié des prestations sociales ;
- le risque « santé », qui comprend la prise en charge de la maladie, y compris les maladies professionnelles, l'invalidité et les accidents du travail. Il représente un tiers des prestations sociales.

Les autres catégories de risques représentent chacune moins de 10 % des prestations sociales :

- le risque « maternité-famille », qui comprend les prestations attribuées aux familles avec enfants nés ou à naître ;
- le risque « emploi », qui comprend les indemnités chômage et les aides à la formation et à l'insertion professionnelle ;
- le risque « logement », qui comprend notamment les aides au logement ;
- le risque « pauvreté-exclusion sociale », qui comprend notamment le revenu de solidarité active (RSA).

Les prestations sociales représentent plus de 700 milliards d'euros par an, soit plus d'un tiers du PIB de la France.

48. Qu'est-ce qu'une prestation sociale et qui les finance ?

L'INSEE définit les prestations sociales comme « *des transferts versés (en espèces ou en nature) à des individus ou à des familles afin de réduire la charge financière que représente la protection contre divers risques.* » Elles représentent, en cela, un mécanisme de redistribution.

Les prestations sociales sont principalement financées par les cotisations sociales, versements obligatoires acquittés par les employeurs et les salariés. Cependant, la part des cotisations sociales dans le financement des prestations sociales a diminué progressivement depuis les années 1960, pour se situer aujourd'hui autour de 60 %.

Les autres sources de financement sont les contributions de l'État, des collectivités et des impôts et taxes, notamment la contribution sociale généralisée (CSG), qui est prélevée sur des revenus bien plus larges que les seuls salaires. Cette évolution est liée au souhait de faire jouer une réelle solidarité nationale pour certaines allocations, en ne mettant pas à contribution les seuls citoyens qui travaillent, mais également ceux qui ne travaillent pas ou plus. Par exemple, les retraités acquittent la CSG et la contribution additionnelle de solidarité pour l'autonomie, qui financent une grande partie de la dépendance.

LES COTISATIONS PERMETTENT DE PRODUIRE DES REVENUS

Les prestations sociales répondent à des logiques différentes selon les risques couverts. Il peut s'agir :

- de revenus de remplacement, par exemple les indemnités chômage en cas de perte d'emploi ;
- de revenus destinés à prendre en charge des dépenses supplémentaires, par exemple les prestations familiales ;
- de revenus destinés à assurer un niveau de vie minimum aux personnes qui ont peu ou pas du tout de ressources, comme le RSA ;
- de prestations en nature, comme le remboursement des dépenses de santé.

49. Qui verse les prestations sociales ?

Les prestations sociales sont versées principalement par les acteurs suivants :

- les organismes de Sécurité sociale, pour les deux tiers : notamment prise en charge des retraites et de la santé ;
- les CAF, notamment pour ce qui concerne les différentes prestations familiales, certaines allocations pour les adultes et les enfants en situation de handicap, les aides au logement ;
- Pôle emploi, pour les allocations chômage ;
- l'État, par exemple pour le versement de bourses aux élèves des collèges et des lycées ;
- les collectivités territoriales, et notamment les conseils départementaux, qui financent ou versent le revenu de solidarité active (RSA), l'allocation personnalisée d'autonomie (APA) et la prestation de compensation du handicap (PCH).

50. Qu'est-ce que le risque dépendance ?

La dépendance désigne la situation d'une personne qui ne peut plus effectuer seule les actes essentiels de la vie quotidienne dans son environnement habituel, et qui a donc besoin d'aide pour accomplir des actes comme les repas, la toilette ou l'habillage. Cette dépendance peut résulter de causes physiques (par exemple, impossibilité physique de se lever seul, de préparer et prendre ses repas seul) ou psychiques (par exemple, incapacité à se repérer dans le temps et dans l'espace qui entraîne une incapacité à assurer seul son hygiène et ses besoins alimentaires).

VIEILLISSEMENT ET HAUSSE DE LA DÉPENSE PUBLIQUE

En France, une personne peut être considérée comme dépendante après 60 ans : c'est à 60 ans que commence l'éligibilité aux dispositifs et aides ouvertes dans le cadre de la dépendance.

> On distingue la dépendance du fait de l'âge et la perte d'autonomie du fait du handicap.
> La France compte 25 % de personnes âgées de 60 ans et plus. 1,4 million de personnes âgées bénéficient d'une reconnaissance de leur dépendance, car elles touchent les aides sociales dédiées à la prise en charge de la dépendance.

51. Comment se finance l'hôpital ?

L'hôpital public ne se finance pas de manière différente des établissements de santé, publics ou privés. En effet, le plan Hôpital 2007 pose le principe de la tarification à l'activité (T2A) qui constitue le nouveau mode de financement des établissements de santé. Il est basé sur une tarification selon la pathologie. Il remplace l'ancien système dit « de la dotation globale » sans tenir compte de la nature de l'activité effectuée.
Afin d'ajuster au mieux le dispositif aux besoins et aux attentes des établissements, le mécanisme de montée en charge de la T2A dans le secteur « ex-dotation globale » (secteur public) est aligné sur celui du secteur privé depuis le 1er janvier 2008. Malgré tout, un nombre important de missions assurées par les établissements du secteur public reste financé par les missions d'intérêt général et d'aide à la contractualisation interne (exemple des missions d'enseignement, de recherche et d'innovation). Par ailleurs, certains médicaments onéreux et dispositifs médicaux sont pris en charge en sus des tarifs de prestations. Pour autant, le système dit de la dotation a fait un retour en force pour les petits hôpitaux. Le « centre hospitalier de proximité », aux termes de l'article R. 6111-24 du code de la santé publique, a un statut conditionné par l'exercice d'une activité de médecine, l'absence d'activité de chirurgie ou de gynécologie obstétrique, un faible volume d'activité de médecine et un territoire caractérisé par des difficultés démographiques ou sociales. Ces hôpitaux profitent depuis 2015 d'un modèle de financement mixte dont une grande majorité est déléguée sous la forme d'une dotation avec un socle garanti équivalent à 80 % minimum de leurs recettes historiques – afin de disposer de la stabilité et des moyens nécessaires pour assurer pleinement leurs missions au plus près de la population. En mai 2020, le président de la République annonce en pleine crise du coronavirus qu'un pilier de la réforme hospitalière à venir serait le repli global et accéléré de la tarification pour l'ensemble de l'hôpital public avec une remise en cause de la construction de l'objectif de dépenses d'assurance maladie (l'ONDAM : l'enveloppe budgétaire nationale consacrée à l'assurance maladie), au bénéfice d'indicateurs plus territorialisés. Le plan « hôpital 2022 » devrait également permettre la reprise d'une partie de la dette hospitalière par l'État et améliorer ainsi la situation financière de l'hôpital public.

> #### CRITIQUES DE LA TARIFICATION À L'ACTIVITÉ
>
> Reste que le dispositif de tarification à l'activité monte en charge même s'il supporte de nombreuses critiques : ainsi, il ressort de son application que la seule façon pour un établissement de garantir un niveau de financement équivalent à celui des années

précédentes est d'augmenter son volume d'activité, parfois de manière artificielle pour les établissements de petite taille ou en sous-activité.

Autre critique au système de la T2A : les moyens des hôpitaux étant limités par l'objectif national de dépenses d'assurance maladie (ONDAM), les hôpitaux se trouveraient contraints à réaliser des économies permanentes pour équilibrer leurs budgets.

C'est pourquoi le gouvernement aménage par la LFI de 2018 le statut d'hôpital de proximité. Il concerne ceux d'entre eux, de taille modeste, sanctuarisés dans un panier de soins et une garantie d'activité (des urgences…), qui se verront proposer le régime du financement par la subvention globale, mieux adapté à leur dimension et à leur localisation.

LA T2A APRÈS LA CRISE

Gilles Clavreul est un ancien délégué interministériel à la lutte contre le racisme, l'antisémitisme et la haine anti-LGBT (DILCRAH). Il répond le 8 avril 2020 aux questions du média « Atlantico ».

« *Prenons l'exemple de l'hôpital : en 2006, j'avais participé à une mission d'inspection IGAS-IGF sur la mise en place de la tarification à l'activité, une réforme qui faisait à l'époque l'objet d'un consensus remarquable. L'idée était simple, et au fond tellement évidente qu'elle n'était pas facile à remettre en cause : un séjour, un acte ou une pathologie, c'est un panier de coûts qui incorpore les charges de personnel, les médicaments, l'amortissement des dispositifs médicaux, les fluides, etc. On doit donc pouvoir définir un prix standard qui reflète sinon la "bonne" prise en charge du patient, du moins doit permettre d'établir une pratique moyenne quant à l'armement en personnel, le type d'actes réalisés ou la durée de séjour. On arrive par exemple à dire qu'un accouchement par voie basse sans complication ni comorbidité doit permettre à la mère et au bébé de sortir de l'hôpital au bout de trois jours, l'idée étant que tous les services de maternité sont financés ou "rémunérés" sur la base d'un tarif unique. Dans ce rapport très technique, nous avions alerté sur les multiples apories de cette T2A, mais qui toutes convergeaient vers un seul point : la T2A instaure un principe de marché dans un système où des acteurs qui ne maîtrisent pas tous leurs coûts et fixent encore moins les prix sont poussés à produire plus dans le cadre d'une enveloppe globale fermée – ce qui signifie très clairement qu'un médecin, un service ou un hôpital ne peut "gagner" qu'au détriment de tous les autres.*

L'histoire était écrite d'avance, et c'est très exactement ce qui s'est produit : la logique inflationniste de la T2A a mis une pression insoutenable sur l'ONDAM hospitalier, exactement à l'image d'une cocotte-minute. Or, comme il fallait bien respecter l'équilibre financier voté par le Parlement, il n'y avait d'autre choix que de faire des coupes budgétaires générales, et de laisser mourir les "faibles", que leur "faiblesse" soit le fait d'une mauvaise gestion ou d'éléments exogènes tels qu'une patientèle plus lourde qu'ailleurs, les coûts historiques liés à la dette ou à l'état du bâtiment, ou un "Case mix" (le profil d'activité de l'hôpital) défavorable. Voulant combiner logique concurrentielle et régulation bureaucratique, la T2A n'a pas tiré le meilleur des deux mondes, mais le pire. Ce n'est pas Cuba sans le soleil, mais plutôt Wall Street sans les bonus. »

5 Finances de l'Union européenne et internationale

1. Questions

52. Que pèse le budget de l'Union européenne ?

53. Qu'est-ce que le pacte de stabilité et de croissance ?

54. Qu'est-ce qu'une dévaluation ?

55. Quel est le rôle des banques dans le financement de l'économie ?

56. Qu'est-ce qu'une monnaie unique ?

2. Réponses

52. Que pèse le budget de l'Union européenne ?

Le budget de l'Union européenne reste très réduit : il pèse annuellement à hauteur de 160 milliards d'euros tandis que le PIB des États membres représente près de 15 000 milliards d'euros. Autrement dit, le budget européen ne pèse pas plus de 1 % par an. En comparaison, le budget de l'État pèse en France pour environ 15 % du PIB.
Les ressources qui alimentent le budget sont principalement liées au revenu national brut (71 %), aux ressources propres parmi lesquelles les droits de douane (16 %) et une quote-part de TVA (12 %). Elles contribuent toutes au financement du budget pluriannuel qui, sur la période 2014-2020, est de 960 milliards d'euros.
La France est le deuxième contributeur à ce budget pour environ 15 % du volume global.

53. Qu'est-ce que le pacte de stabilité et de croissance ?

Adopté au Conseil européen d'Amsterdam en juin 1997, le pacte de stabilité et de croissance (PSC) vise à coordonner les politiques budgétaires des pays de la zone euro afin de limiter les déficits budgétaires « excessifs », voire à parvenir à des situations excédentaires. Pourquoi rechercher cela ? Parce que, débarrassés des contraintes de défense de leur monnaie par la création de la monnaie unique, les pays de cette zone auraient pu avoir la tentation du déficit ou d'une « politique budgétaire laxiste » menée nationalement. Ce pacte, soutenu notamment par l'Allemagne (traumatisée par la crise des années 1930 et les effets inflationnistes des politiques budgétaires laxistes), vient décliner la volonté de convergence sur les aspects budgétaires et économiques en miroir de l'unification de la monnaie.

Cinq critères de convergence ont été adoptés en 1992 après l'adoption du traité de Maastricht dont deux concernent le déficit et la dette cumulée de l'ensemble des administrations publiques (État, Sécurité sociale, collectivités territoriales) :

- d'une part, le déficit des administrations publiques ne doit pas dépasser 3 % du produit intérieur brut (PIB) dans un souci de convergence budgétaire ;
- d'autre part, la dette publique ne doit pas dépasser 60 % du PIB ou doit se rapprocher de ce seuil dans un souci de solidarité et pour éviter le renflouement de pays en cessation de paiements et l'éclatement de l'Union.

Le dernier traité de 2013 « sur la stabilité, la coordination et la gouvernance au sein de l'Union économique et monétaire » (TSCG) fixe :

- la « *règle d'or* » budgétaire et son inscription, « *de préférence* », dans la Constitution ;
- la correction automatique du non-respect des déficits autorisés ;
- l'établissement de sanctions de la Cour de justice de l'Union européenne s'agissant de la mise en place des règles d'or dans les ordres juridiques nationaux par amende pouvant aller jusqu'à 0,1 % du PIB du pays fautif et des sanctions quasi automatiques pour les déficits excessifs.

Certains critiquent les carcans portant atteinte à la souveraineté des États, d'autres soutiennent au contraire que c'est la contrepartie de solidarités en cas d'État défaillant, ou argumentent qu'il faudrait aller plus loin dans la convergence par la création d'un budget sur la zone euro pour concrétiser des politiques à l'échelle européenne.

54. Qu'est-ce qu'une dévaluation ?

Une monnaie subit une dévaluation lorsque les autorités monétaires décident d'abaisser son taux de change par rapport à une référence telle qu'une monnaie étrangère. Le but d'une dévaluation est de rendre moins chères les exportations : les acheteurs étrangers achètent des productions dans une monnaie dévaluée, et donc plus compétitive.

Une première limite à cette stratégie est la capacité de réplique des pays concurrents : ils peuvent répondre en dévaluant leur monnaie et donc annuler l'avantage de compétitivité. Un autre inconvénient de la dévaluation est de rendre plus chères les importations, ce qui peut également avoir une incidence sur les coûts des produits fabriqués à l'intérieur. Si par exemple un pays dévalue pour mieux exporter des machines à laver, il pourrait aussi payer plus cher les composants ou l'énergie nécessaires à leur fabrication. La dévaluation peut donc générer de l'inflation et, par contrecoup, impacter le pouvoir d'achat domestique. En clair, la dévaluation tend à subventionner la compétitivité des exportations en pénalisant les revenus fixes (salaires) intérieurs par une hausse de prix.

55. Quel est le rôle des banques dans le financement de l'économie ?

Les banques commerciales collectent l'épargne qui va constituer leurs ressources. Elles réduisent ainsi auprès de leurs clients les coûts de transaction par leur mission d'information et de conseil. Ensuite, elles distribuent des crédits issus de la transformation de l'épargne en prêts de long terme. Les banques traditionnelles participent ainsi au financement de l'économie. La monnaie banque commerciale est formée par les avoirs et soldes créditeurs des comptes des clients qui peuvent effectuer des retraits selon le moyen de paiement disponible (retrait de billets de banque, virement...).
En contrepartie de leurs prêts, les banques commerciales en déposent une fraction auprès de la Banque centrale : ce sont des réserves dites « obligatoires » (lire l'encadré ci-après ainsi que la question 14 sur la politique monétaire). Ces fonctions « d'intermédiation » des banques se sont progressivement repliées en faveur d'un plus grand accès direct des agents économiques aux sources de financement, c'est le fruit d'un processus de libéralisation (lire la question 20).

La Banque centrale européenne est la banque des banques commerciales : elle est en charge de la politique monétaire d'un État ou d'une zone. La monnaie de banque centrale ou monnaie centrale est émise par la banque centrale d'un pays, elle est composée de billets de banque, des soldes créditeurs des banques commerciales et du Trésor.
En diminuant ou en augmentant le taux des réserves des banques auprès de la BCE, les banques commerciales participent à la création monétaire en fonction des besoins du « *policy mix* ». Par exemple, en cas de politique de réduction du déficit budgétaire, la Banque centrale peut réduire les effets déflationnistes en diminuant les réserves déposées par les banques commerciales. Elle libère ainsi des liquidités dans l'économie.
Second levier de la Banque centrale européenne, jouer sur un de ses taux directeurs qui détermine les conditions de financement de l'économie. Par exemple le taux d'escompte, qui constitue la rémunération versée par les banques à la Banque centrale en échange de l'escompte de leurs créances. Plus il est élevé, plus la Banque centrale « durcit » les conditions d'accès aux liquidités. L'activité de création monétaire des banques commerciales est ainsi freinée. À l'inverse, en cas de dépression ou de récession économique, la baisse du taux vise à libérer des liquidités dans le circuit économique.
Enfin, la Banque centrale achète et vend directement des titres sur le marché monétaire afin d'injecter ou de retirer des liquidités selon les besoins de l'économie, les objectifs de contrôle de la masse monétaire et donc de l'inflation.

L'UNION BANCAIRE EUROPÉENNE

L'union bancaire a été créée en réaction à la crise financière et comporte actuellement deux éléments : le mécanisme de surveillance unique (MSU) et le mécanisme de résolution unique (MRU). Le MSU surveille les banques les plus grandes et les plus importantes de la zone euro directement au niveau européen, tandis que l'objectif du MRU est de résoudre les défaillances des banques en difficulté de façon ordonnée et à un coût minimal pour les contribuables et pour l'économie réelle.
L'Union européenne a favorisé l'union bancaire, qui consiste à renforcer l'intégration, le contrôle et la solidité des banques par une politique d'agréments et de sanctions, le renforcement de mécanismes prudentiels et l'octroi de prêts aux banques en difficultés, eux-mêmes financés par des fonds apportés par le secteur bancaire.

56. Qu'est-ce qu'une monnaie unique ?

Une monnaie unique est une monnaie partagée par plusieurs États qui remplace les monnaies nationales.
L'UE a instauré une monnaie unique pour :

- lutter contre le coût des opérations de change qui entravait largement la libre circulation sur le territoire de l'Union. Elles renchérissaient les prix pour les consommateurs par des coûts de conversion entre monnaies. Il s'agissait de renforcer la compétitivité internationale des entreprises européennes en réduisant les coûts de leurs opérations transfrontières et en leur facilitant l'accès à un vaste marché de capitaux pour se financer ;
- mettre fin aux mouvements erratiques des monnaies nationales des pays de l'UE liés à la fin du système de changes fixes au début des années 1970 et à la spéculation ;
- contrecarrer la puissance du dollar, seule monnaie véritablement internationale ;
- approfondir l'intégration européenne en transférant un élément essentiel de la souveraineté des États à l'Union.

L'adoption de la monnaie unique est critiquée pour le manque de coopération dans les domaines budgétaire (pas de budget de la zone euro, peu de leviers fiscaux de l'Europe) et économique (pas de politique de relance concertée par exemple).

PARTIE II

Principes et contrôle de l'organisation budgétaire

92 questions

1 Problématiques transversales aux finances publiques

1. Questions

57. Qu'est-ce qu'un processus budgétaire ?

58. Quels peuvent être les caractères d'un budget ?

59. Quels sont les cinq grands principes budgétaires ?

60. Qu'est-ce que l'annualité budgétaire ?

61. Comment conjuguer l'annualité budgétaire et la programmation ?

62. Qu'est-ce que l'unité budgétaire ?

63. Quels sont les aménagements au principe d'unité budgétaire ?

64. Pourquoi existe-t-il un principe de spécialité budgétaire ?

65. Quelle portée et limite pour l'universalité budgétaire ?

66. Qu'est-ce que la sincérité budgétaire ?

67. Qu'appelle-t-on le principe de séparation entre l'ordonnateur et le comptable ?

68. Pour l'État et les collectivités, la notion d'équilibre budgétaire est-elle équivalente ?

69. Quel est le rôle financier de l'État vis-à-vis des collectivités locales ?

70. L'État contraint-il les budgets locaux, et comment ?

71. Pourquoi avoir mis en œuvre une contractualisation État/collectivités ?

72. Quelles sont les relations financières entre l'État et la protection sociale ?

73. Qu'apporte la certification des comptes ?

74. Qu'est-ce que la débudgétisation ?

75. Qu'est-ce qu'une régie ?

2. Réponses

57. Qu'est-ce qu'un processus budgétaire ?

Ce sont toutes les étapes nécessaires à l'adoption d'un budget. Le budget est le document dans lequel sont prévues et autorisées par l'assemblée délibérante toutes les recettes et toutes les dépenses. Son élaboration mobilise les acteurs de l'État, des collectivités et de la protection sociale une grande partie de l'année.
Les grandes phases se retrouvent dans la vie budgétaire de l'État et des collectivités. Elles sont cependant plus précoces pour l'État et un peu plus tardives pour les collectivités qui ont jusqu'au 15 avril de l'année N pour voter leur budget.
Globalement, on notera la tendance à l'affaiblissement du législatif et un renforcement de l'exécutif (et du ministère de l'Économie et des Finances : MINEFI) dans le déroulement du processus budgétaire.

Les calendriers budgétaires ont été chamboulés par la crise du coronavirus. Si le budget de l'État a subi deux lois de finances rectificatives conséquentes pour tenir compte de la récession la plus importante en France depuis 1949, les budgets de nombreuses collectivités n'ont pas pu être votés dans les délais du fait du report des élections municipales. Suivant les dispositions de l'article 11 de la loi d'urgence du 23 mars 2020, le gouvernement a pris des ordonnances qui ont notamment précisé le cadre budgétaire, financier et fiscal des collectivités territoriales. Ainsi, les budgets primitifs, pour les collectivités qui ne les avaient pas adoptés au moment de l'urgence sanitaire, peuvent être votés pour le 31 juillet 2020, tout comme les comptes administratifs. Il s'agit de dispositions dérogatoires au droit commun.

Processus budgétaires comparés État/collectivités territoriales

Étapes	Cadrage politique	Cadrage technique	Plafonds	Arbitrages	Adoption et exécution
État	*Janvier* Séminaire gouvernemental dans la stratégie des choix pluriannuels (en intégrant les prévisions économiques, les engagements européens – TSCG –, les contraintes fiscales...).	*Février-mars* Examen des économies structurelles de réformes et dialogue de gestion entre le MINEFI et les ministères opérationnels afin de déterminer les grandes orientations de l'année.	*Avril-mai* Des lettres plafonds clôturent le cycle de restitution précédent sous l'autorité du Premier ministre. Elles sont transmises en commissions des finances des assemblées selon l'esprit de la LOLF.	*Été-automne* Début juin jusqu'en août sont engagés les travaux relatifs à la « performance », le MINEFI organise des conférences de gestion publiques pour finaliser les objectifs de la LFI déclinés par programme pluriannuellement (1).	*Adoption en septembre* Le projet de loi de finances (PLF) est adopté en Conseil des ministres en septembre (2). *Exécution* Les dépenses et recettes effectuées sont comptabilisées dans les finances de l'État par la loi de règlement.

Étapes	Cadrage politique	Cadrage technique	Plafonds	Arbitrages	Adoption et exécution
Collectivités	*Premier quadrimestre* Deux à trois mois après l'adoption du budget de l'année précédente (15 avril au plus tard : vote du budget) : le maire et son bureau municipal calent politiquement le budget selon les objectifs de la mandature, les contraintes fiscales, d'endettement ou les contraintes connues sur plusieurs années, sur les dotations par exemple.	*Mi-printemps-été* Les élus délégués aux finances appuyés de la direction des finances font le tour des remontées des services avant de déterminer les plafonds. Généralement, l'état des lieux consiste à différencier les dépenses incompressibles de celles qui peuvent être décalées ou supprimées, d'identifier les marges de manœuvre en dépenses ou en recettes sur l'année.	*Été-rentrée* La pratique du cadrage est plus diverse en collectivité : cela peut être une orientation générale pour l'exercice ou une déclinaison plus individualisée par grands secteurs (évolution N - 1). La lettre de cadrage ou de plafonds peut être transmise jusqu'à la rentrée de septembre.	*Rentrée-automne* Les conférences budgétaires sont organisées pour que les remontées des services collent avec le cadrage initial, elles doivent aboutir à un équilibre dont le maire ou le président de l'exécutif est seul responsable. Le processus est plus tardif qu'au niveau de l'État compte tenu de la possibilité de voter le budget jusqu'au 15 avril de l'exercice budgétaire.	*Adoption au plus tard le 15 avril* Le débat d'orientation budgétaire est une étape obligatoire. Il doit se tenir dans les huit semaines qui précèdent l'adoption du budget, document remis au plus tard le 15 avril N. (3) *Exécution au 30 juin N au plus tard* Elle est comptabilisée dans le compte administratif (CA), adopté au plus tard le 30 juin de l'année N (pour l'exercice N - 1) : le 30 juin 2021 au plus tard est adopté le CA 2020.

L'ASSOCIATION CROISSANTE DU LÉGISLATIF AU PROCESSUS BUDGÉTAIRE

Pour l'État, au niveau des arbitrages (1) et de l'adoption (2)

1. Le texte quasi définitif est transmis au Haut Conseil des finances publiques, au plus tard une semaine avant la transmission au Conseil d'État. Le Parlement est associé à travers le débat d'orientation budgétaire (DOB), vers le mois de juin. À cette même période, jusqu'au 10 juillet, les rapporteurs du Parlement peuvent adresser des questionnaires budgétaires au gouvernement qui y répond le 10 octobre au plus tard (art. 49 LOLF).

2. Il doit être déposé obligatoirement sur le bureau de l'Assemblée nationale en premier lieu. L'article 39 de la LOLF impose que le projet de loi de finances (PLF) et les documents annexes fassent l'objet de ce dépôt au plus tard le premier mardi d'octobre. Le rôle des parlementaires a été accru avec la LOLF : pour fixer le plafond de la dette, définition du besoin de financement, plafonnement de la masse salariale et du nombre d'emplois, assouplissement du pouvoir d'amendement (transferts de crédits d'un programme à un autre). Dans la pratique, la discipline de groupe transforme son rôle en « influenceur ».

3. Pour les collectivités, au niveau du débat budgétaire avant l'adoption

La non-tenue du DOB est un motif d'annulation devant un tribunal administratif. Lors de la séance d'adoption du document budgétaire final, les élus locaux disposent également du droit d'amendement.

58. Quels peuvent être les caractères d'un budget ?

Ces remarques s'entendent surtout pour le budget national.

- Dans la conception libérale, un budget doit être neutre, sans perturber l'équilibre naturel des marchés. Elle sous-tend un périmètre de l'État centré sur des compétences régaliennes (l'ordre, la défense) sans intervenir sur l'offre et la demande, sans encourager ou décourager certaines activités. Le pendant de cette conception, c'est que le budget est improductif au sens où il prélève plus qu'il ne produit. C'est en quoi, dans cette conception, le budget doit être équilibré. L'État ne peut dépenser plus qu'il ne prélève, sauf à provoquer un déficit financé par de la dette, source d'inflation car elle stimule artificiellement l'activité.
- Cette conception s'oppose à l'idée interventionniste portée par exemple par le mouvement keynésien. Défenseur de l'État providence et de la redistribution, profondément marqué par la crise de 1929, Keynes considère que l'État doit intervenir en période de crise en dépassant les seules compétences régaliennes, propres à l'« État gendarme ». Pour lui, le plein-emploi ne peut être atteint par la seule régulation du marché sur le long terme. Keynes pense au contraire que l'économie doit être soutenue par l'État, par le biais de politiques monétaires et budgétaires. Le recours au déficit permet de stimuler la demande (la consommation et donc l'investissement) ; c'est l'effet accélérateur.

Keynes affirme que l'État doit faire l'inverse de ce que font les agents économiques :

- lorsque le revenu national baisse, que les dépenses privées diminuent, l'État soutient l'économie en injectant des dépenses supplémentaires pour soutenir la demande et donc la production et l'emploi : c'est la politique de relance ;
- lorsque l'économie est en surchauffe, que le revenu s'emballe et que les prix montent de manière excessive ou que l'investissement dépasse les possibilités d'épargne, l'État réduit la pression en limitant ses dépenses et dégage des excédents.

59. Quels sont les cinq grands principes budgétaires ?

Apparus en même temps que la démocratie parlementaire, à partir de la Restauration, les principes suivants visent à assurer le contrôle des finances publiques par le Parlement :

- le principe d'annualité budgétaire ;
- le principe d'unité budgétaire ;
- le principe de spécialité budgétaire ;
- le principe d'universalité budgétaire ;
- le principe de sincérité budgétaire.

Ces principes s'appliquent également au secteur public local.

60. Qu'est-ce que l'annualité budgétaire ?

Le principe d'annualité budgétaire est issu du principe du consentement annuel à l'impôt contenu dans l'article 14 de la DDHC. Les articles 2 et 16 de l'ordonnance de 1959 l'ont consacrée en liant d'autres principes :

- celui de l'antériorité : la loi de finances doit être votée avant le début de l'année budgétaire ;
- le fait que les autorisations données par le Parlement ne sont valables qu'un an ;
- enfin, la loi de finances doit être exécutée entre le 1er janvier et le 31 décembre de l'année budgétaire.

61. Comment conjuguer l'annualité budgétaire et la programmation ?

Il est parfois nécessaire, en raison de la difficulté des prévisions, de voter une loi de finances rectificative. Ces lois sont aujourd'hui les seules à pouvoir modifier le budget de l'État en cours d'année.

L'autorisation de programme a été créée pour déroger au principe d'annualité budgétaire. Cette technique est prévue aux articles 1, 2 et 12 de l'ordonnance de 1959. Elle détermine les crédits maximums qu'un ministre pourra engager dans une opération d'investissement pendant les années à venir. Ces crédits sont donc autorisés par la loi de programme, les paiements seront effectués au rythme de la réalisation des travaux.

LA JOURNÉE COMPLÉMENTAIRE EN ATTÉNUATION DU PRINCIPE

Pour les collectivités locales, la portée de ce principe est atténuée par l'existence d'une journée complémentaire, période durant laquelle la collectivité est autorisée à procéder à ses opérations de clôture, en fin d'exercice (récupérer des factures émises en fin d'année qui se chevauchent sur deux exercices...). L'assemblée délibérante peut également apporter des modifications en cours d'année en votant des décisions modificatives. L'adoption d'un budget supplémentaire permet de reprendre les résultats de l'exercice antérieur : c'est une autre entorse au principe d'annualité.

62. Qu'est-ce que l'unité budgétaire ?

Toutes les recettes et les dépenses doivent être regroupées de manière détaillée dans un seul document (le budget principal). Le principe d'unité permet aussi d'assurer la clarté de la présentation du budget. Il permet de vérifier si le budget est réellement en équilibre, d'éviter l'existence de comptes hors budget et de mettre en évidence le volume total des dépenses de l'État.

63. Quels sont les aménagements au principe d'unité budgétaire ?

Ce principe d'unité n'exclut pas des budgets annexes dans les collectivités, par exemple eau, assainissement... ou des budgets dans son giron (CCAS, caisse des écoles, etc., qui sont des établissements publics). Ils répondent cependant à des règles spécifiques d'équilibre.

Ce démembrement de fait de l'information a pu contrarier un souci de vision globale du périmètre de gestion des collectivités. Pour respecter le principe d'unité tout en apportant de la modernité dans la gestion, les directions financières élaborent le plus souvent des tableaux de bord synthétiques concernant leurs engagements vis-à-vis de tiers, tenus dans des annexes spéciales : dette et garantie, subventions, etc. Chaque citoyen peut compulser des « annexes » du budget dans lesquelles il trouvera le parc des véhicules, le nombre d'emplois budgétés et réellement occupés, etc.

64. Pourquoi existe-t-il un principe de spécialité budgétaire ?

Le principe de spécialité budgétaire consiste à détailler l'autorisation parlementaire afin que chaque crédit ait une destination indiquée par la loi de finances. Le respect de ce principe implique que le gouvernement ne puisse modifier la destination des crédits sans l'autorisation du Parlement.

Pour les collectivités par exemple, le principe de spécialité oblige les crédits à être adoptés par chapitre et éventuellement par article avec des plafonds de dépenses.

65. Quelle portée et limite pour l'universalité budgétaire ?

Le principe d'universalité se décompose en deux sous-principes : la non-compensation des dépenses aux recettes et la non-affectation des dépenses et des recettes. La connaissance des budgets doit se faire sans contraction entre les dépenses et les recettes, la comptabilisation des recettes et des dépenses est bien distincte, exhaustive ; il ne peut y avoir de dépense réduite d'une recette affectée à cette dépense par exemple.
Il existe un aménagement au principe d'universalité budgétaire avec les comptes spéciaux du Trésor (les comptes du commerce, les comptes de règlement avec les gouvernements étrangers et les comptes d'opérations monétaires, dont la célèbre redevance audiovisuelle) : les documents budgétaires ne mentionnent qu'une autorisation de découvert, ce qui correspond au résultat d'une compensation entre les dépenses et les recettes.
La procédure des fonds de concours est un aménagement au principe de non-affectation : des services ont la possibilité de recevoir ces subventions, dons ou legs, de les porter en recette au budget, puis d'ouvrir un crédit supplémentaire du même montant par arrêté du ministre des Finances.

66. Qu'est-ce que la sincérité budgétaire ?

Le principe de sincérité n'a été formalisé qu'en 2001 avec la loi organique relative aux lois de finances (LOLF) en son article 32 : « *Les lois de finances présentent de façon sincère l'ensemble des ressources et des charges de l'État. Leur sincérité s'apprécie compte tenu des informations disponibles et des prévisions qui peuvent raisonnablement en découler.* »
Le contrôle ainsi effectué sur la sincérité d'un projet de loi de finances est un contrôle de l'erreur manifeste d'appréciation. Le Conseil constitutionnel tente ainsi de vérifier si les appréciations qui avaient été faites dans le projet de loi de finances concernant les ressources et les charges ne comportaient pas d'erreur, compte tenu des informations dont disposaient les rédacteurs du projet à l'époque.
La sincérité budgétaire suppose aussi d'avoir une image fidèle du patrimoine. Ce principe s'applique également aux budgets des collectivités locales.

67. Qu'appelle-t-on le principe de séparation entre l'ordonnateur et le comptable ?

Dans le secteur public français, la séparation ordonnateur/comptable répond au principe de séparation des tâches. À la différence du secteur privé, dans le monde des collectivités, celui qui ordonne la dépense (le maire, le président du conseil régional...) n'est pas celui qui l'exécute et manie les fonds (le comptable, agent de l'État).
Chacun a un rôle distinct et précisément défini par le décret du 29 décembre 1962 portant règlement général de la comptabilité publique, réaffirmé par le décret du 7 novembre 2012 relatif à la gestion budgétaire et comptable publique.
Ce principe a été mis en œuvre dans une logique de séparation des fonctions et de meilleur contrôle (celui qui contrôle n'exécute pas).

68. Pour l'État et les collectivités, la notion d'équilibre budgétaire est-elle équivalente ?

Au sens classique, l'équilibre budgétaire doit être recherché en équilibrant les dépenses aux recettes, c'est-à-dire en interdisant les déficits publics. On évoque souvent à ce propos la notion de « solde primaire positif », c'est-à-dire un équilibre des recettes et des dépenses hors les intérêts de la dette. La conception keynésienne, particulièrement en vogue dans l'après-guerre, introduit l'idée d'un équilibre budgétaire, instrument contracyclique de la politique économique, qui doit être recherché durant l'ensemble d'un cycle économique, et non annuellement.

La France, depuis 1974, construit ses budgets sur des déséquilibres financiers qui ont conduit à un endettement croissant tandis que ces situations n'étaient pas autorisées pour les collectivités territoriales en raison des dispositions de l'article L. 1612-4 du code général des collectivités territoriales. Cet équilibre suppose que les collectivités ne peuvent emprunter que pour financer les investissements. C'est donc en raison d'une conception différente du rôle de l'État et des collectivités que s'est construite cette distinction d'appréciation sur l'obligation d'équilibre des comptes. Si l'État peut intervenir, dans la conception keynésienne, sur le cycle économique, cela n'est pas la vocation d'une collectivité locale qui recherche plutôt à dégager *(a minima)* un solde primaire positif pour respecter les critères légaux d'équilibre.

La crise du coronavirus vient cependant bouleverser ces cadres doctrinaires (lire les questions 79 et 180) pour les États. Les équilibres des collectivités devraient également être soumis à rude épreuve sans que la doctrine budgétaire ne soit cependant remise en cause.

69. Quel est le rôle financier de l'État vis-à-vis des collectivités locales ?

- L'État est un financeur : c'est le premier contributeur au budget des collectivités. Cela s'explique par la prise en charge étatique des multiples allégements, exonérations ou suppressions d'impôts locaux intervenus dans les années 1990 : vignette, TH des régions, etc. L'ensemble des transferts financiers (concours et fiscalité transférée comprise) atteint une centaine de milliards.
- Deuxièmement, l'État agit comme le collecteur d'impôts (il lève l'impôt) et le garant des recettes des collectivités. Seul le Trésor public est habilité à encaisser les recettes des impôts et, quand les prévisions sont inférieures, il garantit les recettes des collectivités. Il reçoit également leur trésorerie.
- Enfin, l'État joue également le rôle de « péréquateur » entre les collectivités pour pallier l'inégalité des ressources fiscales. Les communes les plus riches apportent alors des ressources aux plus pauvres par des techniques d'écrêtement et de redistribution : c'est la redistribution horizontale (entre collectivités) dont les modalités sont décidées par l'État. Elles peuvent également bénéficier d'une péréquation « verticale » (du sommet vers les territoires) dans le cadre de la politique de la ville.

« CONTRATS DE CAHORS » : DEUX ANNÉES D'APPLICATION AVANT LA CRISE DE LA COVID-19

C'est à Cahors que, à l'issue de la Conférence nationale des territoires du 14 décembre 2017, les principes de la contractualisation instaurant l'encadrement de la dépense locale avaient été arrêtés. En contrepartie, le gouvernement s'engageait à mettre un terme à la baisse des dotations de l'État engagée sous la précédente législature.
Ainsi, l'État exerce une forme de contrainte sur les dépenses des collectivités. À partir de 2018, l'État impose aux collectivités territoriales une norme d'évolution de leurs dépenses, contenue à + 1,2 % par an pendant trois ans (en référence des dépenses constatées en 2017). Il s'agit d'une évolution deux fois plus faible que celle constatée sur la période récente alors même que l'État avait agi sur les recettes affectées aux collectivités par la baisse historique de la dotation globale de fonctionnement qui leur était allouée. Des objectifs indicatifs sont également fixés en matière d'endettement.
Les articles 13 et 29 de la loi du 22 janvier 2018 imposent une norme d'évolution des dépenses de + 1,2 % par an et une réduction du besoin de financement des collectivités. En agissant sur les dépenses de fonctionnement, le gouvernement cherche ainsi à augmenter le niveau d'épargne brute des collectivités pour qu'elles maintiennent un haut niveau d'investissement.
On peut dire également qu'une autre forme de contrainte est exercée sur les dépenses des collectivités territoriales *via* les normes (sanitaires ou sociales comme des taux d'encadrement dans les cantines ou dans le domaine de la construction), fréquemment critiquées par les élus comme facteurs de « surcoûts ».
Les deux premières années de mise en application de ces contrats ont permis de constater, pour les 322 collectivités qui y étaient soumises, que la trajectoire de moindre recours à l'emprunt n'était pas totalement tenue. En effet, comme a pu l'analyser l'Observatoire des finances et de la gestion publique locale, les efforts de gestion en fonctionnement ayant contribué à augmenter le niveau d'épargne brute des collectivités, certaines collectivités ont fait le choix de financer davantage d'équipements publics. Le lien entre les articles 13 et 29 de la loi du 22 janvier 2018 ne s'est donc pas systématiquement vérifié.

70. L'État contraint-il les budgets locaux, et comment ?

L'État s'inscrit dans une double politique de contrainte, sur les recettes et les dépenses des collectivités.

Depuis une quinzaine d'années, nous assistons à une sorte de marche à reculons de l'autonomie de décision des collectivités.

- Côté recettes, par la diminution de ses concours aux collectivités (la dotation globale de fonctionnement), l'État raréfie des ressources aux territoires. Le pari de l'État en « serrant la vis » est de contenir *de facto* par ce biais le rythme de la dépense locale. Il s'inscrit en rupture du contrat qu'il a passé dès 1996 avec les collectivités en changeant à chacune de ces révisions les règles du jeu de leur financement. Dans ce sens, une frange croissante de ses concours est intégrée dans une enveloppe normée soumise à une évolution qu'il maîtrise.

- Côté dépenses, avec la place croissante des normes, la répercussion de décisions nationales (le point d'indice...), les budgets locaux sont également contraints.

L'AVENIR DE LA MAÎTRISE DE LA DÉPENSE LOCALE

À la suite des mesures gouvernementales visant à lutter contre la crise sanitaire en maintenant une activité économique suffisante, ces contrats ont été mis entre parenthèses en dernière année de mise en application. L'article 12 de la loi du 23 mars 2020 d'urgence pour faire face à l'épidémie de la Covid-19 annule le dispositif de reprise financière prévu en cas de dépassement de ce niveau. En effet, les collectivités territoriales ont été appelées à contribuer à des fonds de garantie accordés aux entreprises, particulièrement les régions qui, toutes soumises aux contrats de cahors, ont abondé le fonds de solidarité nationale à hauteur de 50 %, soit 750 millions d'euros.

Il faut s'interroger sur l'avenir de ces contrats alors que la logique de ces derniers a elle-même pu être contestée. D'une part, parce que ces contrats ont pu refléter la relation déséquilibrée entre l'État et les collectivités territoriales (les contrats de Cahors ont ainsi été qualifiés de léonins en raison de l'absence d'accord de volonté entre les parties, l'État imposant des obligations unilatérales aux 322 collectivités concernées). D'autre part, parce que le juge administratif a pu lui-même sanctionner l'État pour l'absence de modulation du taux pour un département qui avait refusé de signer le contrat par lequel la préfecture de la Gironde lui imposait un taux de 1,2 % sans justifier de la fixation de celui-ci (TA Bordeaux, 21 décembre 2020, n° 18051381906244).

Cependant, la loi de finances initiale pour 2021 vient rappeler que la reconduction des contrats de Cahors doit être envisagée pour l'avenir. Par ailleurs, le rapport remis par Jean Arthuis au gouvernement le 18 mars 2021, intitulé « Nos finances publiques post-Covid-19 : pour de nouvelles règles du jeu », plaide plus que jamais pour des normes de maîtrise de la dépense publique de manière générale et de la dépense locale tout particulièrement.

Cette intention est *de facto* reportée après l'achèvement de la crise sanitaire.

71. Pourquoi avoir mis en œuvre une contractualisation État/collectivités ?

Pour que l'ensemble des acteurs de la dépense publique participe à l'effort de redressement des comptes publics. En donnant des objectifs de dépenses aux collectivités, l'État complète sa politique d'encadrement budgétaire des collectivités, traditionnellement soumise à l'évolution des subventions qu'elles perçoivent de l'État (DGF) par une contractualisation sur l'évolution de leurs dépenses depuis 2018.

- En améliorant l'autofinancement des collectivités territoriales, l'évolution des recettes devant alors rester supérieure à l'évolution des dépenses de fonctionnement, les administrations locales doivent avoir recours à l'emprunt dans une moindre mesure sans mettre en cause le niveau de leurs dépenses d'investissement.
- Les collectivités territoriales contribuent ainsi, au même titre que les administrations nationales et les administrations de Sécurité sociale, au retour de la France dans les critères de convergence, à savoir des déficits publics à moins de 3 % et un endettement public inférieur à 60 % du PIB. Un objectif de moyen terme (OMT) est intégré dans la loi de programmation des finances publiques. Il prévoit que les collectivités territoriales devraient contribuer à réduire l'endettement des comptes publics de 3,2 % du PIB sur cinq ans.

72. Quelles sont les relations financières entre l'État et la protection sociale ?

À côté des cotisations, les contributions publiques sont des versements de l'État aux régimes de protection sociale, qui regroupent des subventions d'équilibre et des versements correspondant au financement par l'État de certaines prestations, soit environ 11 % des ressources de la protection sociale : RSA, ASS, dépendance, aides au logement…
Le reste est versé au titre des subventions d'équilibre de l'État à certains régimes spéciaux de Sécurité sociale (régimes des mines, de la RATP, etc.).

73. Qu'apporte la certification des comptes ?

La certification des comptes apparaît en premier lieu comme une technique comptable transposée du privé aux administrations. En comptabilité privée, la certification est opérée par un commissaire aux comptes qui émet une opinion quant à la régularité et la sincérité des comptes des entreprises.
En comptabilité publique, la certification a été dans un premier temps transposée aux comptes de l'État qui, au même titre que les administrations, est désormais tenu de se gérer comme une entreprise. Selon un renversement de paradigme assez récent, issu de l'école du *Public Choice*, les États, mal gérés puisqu'endettés, doivent désormais présenter les comptes sincères. La LOLF, en son article 32, précise ainsi que la « *sincérité [des budgets] s'apprécie compte tenu des informations disponibles et des prévisions qui peuvent raisonnablement en découler* ». À sa suite, l'article 47-2 de la Constitution française est venu compléter cette exigence d'une définition de la sincérité budgétaire : « *Les comptes publics sont réguliers et sincères. Ils donnent une image fidèle du résultat de leur gestion, de leur patrimoine et de leur situation financière.* » Les comptes de l'État font l'objet d'une certification depuis 2006 de la part de la Cour des comptes.
Cette certification a ensuite été étendue aux organismes comme les universités ou les hôpitaux. Actuellement, une vingtaine de collectivités territoriales l'expérimentent à leur tour.

Cette mission d'audit des comptes récente traduit donc une certaine volonté de renforcer la transparence due aux citoyens même si le Conseil constitutionnel n'a jusqu'à présent jamais sanctionné une administration pour un défaut de certification.

74. Qu'est-ce que la débudgétisation ?

La débudgétisation consiste à supprimer, réduire ou augmenter les données du budget général de l'État (charges et produits) pour le présenter de manière plus favorable, notamment à l'équilibre. Ce principe de l'équilibre réel ne s'impose pas à l'État, contrairement au principe de sincérité des comptes qui impose depuis la LOLF de ne plus minorer les dépenses et de ne plus exagérer les recettes.

Les débudgétisations constituent davantage des aménagements que des dérogations à ce principe :

- certaines débudgétisations consistent en des transferts au sein même du budget de l'État, du budget général vers les budgets annexes et les comptes spéciaux. Les services de l'État ont créé, pour les suivre, une charte de budgétisation qui permet de consolider les données ;
- d'autres débudgétisations consistent en des transferts vers des organismes autonomes financièrement. Ces transferts ont été réalisés la plupart du temps pour alléger l'État de sa propre dette, ce qui n'a d'ailleurs pas échappé à l'Union européenne qui a, par exemple, considéré la dette de la SNCF comme part propre de la dette nationale.

75. Qu'est-ce qu'une régie ?

Il existe deux types de régies : les régies d'avance et les régies de recettes. Elles sont une exception au principe de la séparation de l'ordonnateur et du comptable et sont destinées à faciliter l'encaissement des recettes en proximité des usagers et le paiement des menues dépenses récurrentes.

Les régisseurs de recettes et de dépenses sont sous la responsabilité des comptables publics, raison qui justifie qu'ils disposent d'arrêtés de nomination lors de leurs prises de responsabilité. Ils sont pécuniairement responsables de leur gestion. Les ordonnateurs ne peuvent pas eux-mêmes être régisseurs au titre de la séparation des fonctions.

Les services de l'État tentent d'endiguer au mieux la création des régies car elles ne sont que dérogatoires au principe général de séparation des fonctions entre l'ordonnancement et le paiement des dépenses ou l'encaissement des recettes. Par ailleurs, les moyens modernes de paiement qui permettent notamment de payer à distance, comme la constitution de marchés publics concernant les dépenses, devraient avoir des effets positifs sur la réduction du nombre de ces dérogations.

2 Finances de l'État

1. Questions

76. Qu'est-ce qu'une gestion de fait ?
77. Quelle est la différence entre impôt direct et impôt indirect ?
78. Qu'appelle-t-on un impôt sur le revenu ?
79. Qu'est-ce que la TVA ?
80. Pourquoi l'État doit-il emprunter ?
81. Qu'est-ce qu'un prélèvement sur recettes ?
82. Qu'est-ce que le prélèvement à la source ?
83. Quels sont les principaux postes de dépense du budget de l'État ?
84. Quel est le cadre économique du budget ?
85. Qu'est-ce que le principe du monopole gouvernemental ?
86. Quelles sont les étapes de la discussion et du vote du budget ?
87. Qu'est-ce que l'exécution financière d'un budget ?
88. Comment est assurée la constitutionnalité d'un budget ?
89. Qu'est-ce qu'une loi de finances ?
90. Qu'est-ce qu'une loi de règlement ?
91. Qu'est-ce qu'une loi de programmation ?
92. Quel est le rôle du Trésor public ?
93. Quel est le rôle du responsable de la fonction financière ministériel ?
94. Quel est le rôle du contrôleur budgétaire et comptable ministériel ?
95. Quelles sont les prérogatives du Parlement en matière de contrôle budgétaire ?
96. Quelles sont la portée et les limites du contrôle budgétaire ?
97. Qu'est-ce que le contrôle de l'exécution budgétaire ?
98. À quoi sert la Cour des comptes ?
99. Qu'est-ce que le Haut Conseil des finances publiques ?

100. Quelles sont les missions du Conseil des prélèvements obligatoires ?

101. Que juge la Cour de discipline budgétaire et financière ?

102. Qu'est-ce que la fongibilité asymétrique ?

103. Qu'est-ce que le « PAP » et le « RAP » ?

104. À quoi sert le Haut conseil des finances publiques ?

2. Réponses

76. Qu'est-ce qu'une gestion de fait ?

La gestion de fait est le maniement de deniers publics par une personne n'ayant pas la qualité de comptable public. Il s'agit d'une violation du principe de séparation des ordonnateurs et des comptables. La constitution d'une gestion de fait assimile le gestionnaire de fait à un comptable public. Le dispositif de la gestion de fait est une technique permettant de s'assurer que les règles de la comptabilité publique ne seront pas contournées, en garantissant aux comptables l'exclusivité de la manutention des deniers publics.

77. Quelle est la différence entre impôt direct et impôt indirect ?

L'impôt direct est celui qui est payé et supporté par la même personne. Ainsi, l'impôt sur le revenu est payé par le contribuable qui, déclarant ses revenus, se voit appliquer un taux effectif résultant de sa capacité contributive.
L'impôt indirect distingue le redevable du contribuable. Le meilleur exemple d'impôt indirect reste la taxe sur la valeur ajoutée puisqu'elle fait l'objet de la part des redevables (la plupart du temps, les entreprises intermédiaires) d'une collecte pour le compte de l'État (il existe donc pour chaque entreprise des déclarations de débits/crédits de TVA à effectuer) tandis que le contribuable final reste bien celui qui, en bout de chaîne, devra supporter le coût de la consommation du bien ou du service.

78. Qu'appelle-t-on un impôt sur le revenu ?

Les impôts sur le revenu sont des impôts qui frappent les revenus, les bénéfices et les gains en capital. Pour les ménages, cet impôt comprend essentiellement l'impôt sur le revenu des personnes physiques (IRPP), la contribution sociale généralisée (CSG) et la contribution pour le remboursement de la dette sociale (CRDS). Pour les entreprises, selon leurs formes juridiques, il s'agit principalement de l'impôt sur les sociétés, voire de l'impôt sur le revenu.

79. Qu'est-ce que la TVA ?

La TVA est un impôt sur les produits collecté par les entreprises et intégralement supporté par l'acheteur final en dernier ressort.
Au 1er janvier 2014, le taux normal est fixé à 20 %, le taux intermédiaire passe à 10 % et le taux réduit reste à 5,5 % (pour les produits alimentaires notamment). Un taux spécifique de 2,1 % est appliqué aux médicaments remboursables, entre autres. Certaines dispositions sont particulières à la Corse et aux DOM.

80. Pourquoi l'État doit-il emprunter ?

Contrairement aux collectivités territoriales qui doivent n'emprunter que pour financer leurs investissements, l'État emprunte pour son équilibre général mais avant toute chose pour financer son déséquilibre structurel et donc, outre ses investissements, une frange des dépenses de fonctionnement.
Étant donné qu'il procède à davantage de dépenses qu'il ne prélève de ressources pour les financer, l'État doit aller sur les marchés internationaux trouver des liquidités pour financer ses dépenses courantes. Le service à compétence nationale, l'agence France Trésor, en a la responsabilité en émettant des bons du Trésor. La qualité de la signature française lui permet de bénéficier de taux plus ou moins bons qu'elle doit ensuite rembourser à ses créanciers.
À titre indicatif, au titre de l'année 2019, l'État aura à aller emprunter sur les marchés des emprunts à moyen et long termes pour un montant proche de 200 milliards d'euros.

« QUOI QU'IL EN COÛTE » : RACHETER, ÉMETTRE, MONÉTISER

Même avec une monnaie unique, les États empruntent dans des conditions (de taux) différentes selon l'idée que les prêteurs se font de la qualité de leur signature.
Néanmoins, l'intervention de la Banque centrale européenne (BCE) à l'issue de la crise sanitaire du coronavirus, son intention affichée de racheter des dettes nationales, ont pour effet de rassurer les créanciers des pays comme l'Italie par exemple, à l'économie et aux finances fragiles.
L'idée d'émettre directement de la « dette coronavirus » n'est désormais plus taboue et la Commission européenne a envisagé dès mars 2020 d'emprunter pour appuyer la prise en charge par les États du chômage partiel et construire la reprise économique à l'échelle européenne. L'Allemagne et les Pays-Bas préfèrent le recours au « mécanisme européen de stabilité » (MES), qui a l'avantage à leurs yeux de pouvoir exiger de ses bénéficiaires des mesures structurelles de réformes repoussées par l'Italie ou la Grèce. Au final, tous s'entendent sur le fait d'actionner des outils existants pour ne pas perdre de temps et un compromis sur l'absence de conditionnalité des aides se dégage. En mai 2020, la France et l'Allemagne proposent que le plan de relance européen, en préparation à Bruxelles, soit doté de 500 milliards d'euros en dépenses budgétaires pour les pays du bloc les plus touchés par l'épidémie de

coronavirus (lire les questions 166 et 180). Cette proposition constitue un tournant dans la position de l'Allemagne, qui était jusqu'à présent ouvertement opposée à l'idée de l'émission d'une dette commune. La proposition devait être endossée par la Commission et les 27 États membres.
Le 27 mai 2020, la présidente de la Commission européenne s'inscrit dans les pas de la proposition franco-allemande. Outre les fonds débloqués par les États membres et l'impulsion monétaire de la BCE à 1 000 milliards d'euros, il faudra ajouter les 540 milliards déjà mis sur la table en avril 2020 pour faire face à la crise (prêts, garanties). La réponse de la Commission, fin mai 2020, est sujet de débat. Elle propose un plan de relance de 750 milliards d'euros répartis sur trois ans : 500 milliards de subventions (fléchés prioritairement sur les plus touchés dont l'Espagne et l'Italie) et 200 milliards de prêts financés par l'Union européenne, ce qui est une nouveauté. Ce plan devait obtenir l'aval des 27, ce qui promettait un nouveau bras de fer (notamment avec les « frugaux » Pays-Bas, Autriche, Danemark et Suède, hostiles aux subventions), mais Bruxelles a proposé de lever elle-même des fonds sur les marchés. Ce sont donc des sommes qui ne sont pas censées être réellement déboursées par les pays. Ce sont ces emprunts réalisés au nom de l'UE, à des taux avantageux, qui devraient ensuite être largement déversés aux régions les plus fragilisées.
Baptisé « *Next Generation EU* » et doté d'une enveloppe divisée en 360 milliards d'euros de prêts et 390 milliards d'euros de subventions, le plan européen représente 5,6 % du PIB de l'ensemble de l'Union européenne. Il est d'une moindre ampleur que le plan américain, très majoritairement distribué sous forme de fonds (aux entreprises ou particuliers) et non d'avances ou de prêts, soit un niveau historique de près de 9 % du produit intérieur brut (PIB) américain.
D'autres économistes suggèrent enfin de « faire tourner la planche à billets », c'est-à-dire de consentir une sorte de dette perpétuelle aux États qui aurait pour avantage selon ses partisans de ne pas être à rembourser. Pour ses opposants, cette solution dite de la « monétisation » de la dette est en contradiction avec l'esprit des traités européens. Elle pourrait être source d'inflation ou générer des comportements budgétaires « laxistes ». Éternel débat entre les tenants de « l'offre » et de la « demande », de la relance ou de l'austérité.

81. Qu'est-ce qu'un prélèvement sur recettes ?

Les prélèvements sur recettes de l'État ne sont pas des dépenses mais de moindres ressources affectées à d'autres organisations publiques. L'article 6 de la LOLF les définit comme « *un montant déterminé de recettes de l'État rétrocédé directement au profit des collectivités territoriales ou des communautés européennes en vue de couvrir des charges incombant à ces bénéficiaires ou de compenser des exonérations, des réductions ou des plafonnements d'impôts établis au profit des collectivités territoriales* ».
Les prélèvements sur recettes sont composés de dotations versées aux collectivités territoriales, d'une part, et de recettes (RNB – revenu national brut, TVA) versées au profit du budget de l'Union européenne, d'autre part.

82. Qu'est-ce que le prélèvement à la source ?

Appliqué pour la première fois en France à compter du 1er janvier 2019, le prélèvement à la source de l'impôt sur le revenu vise à adapter le recouvrement de l'impôt au titre d'une année à la situation réelle de l'usager (revenus, événements de vie) au titre de cette même année, sans en modifier les règles de calcul. Il a pour objectif de supprimer le décalage d'un an entre la perception des revenus et le paiement de l'impôt sur ces revenus. Il conduit à ne plus verser au salarié que le net après prélèvement de l'impôt.

83. Quels sont les principaux postes de dépense du budget de l'État ?

Au titre des charges budgétaires de l'exercice 2020, les principaux postes de dépenses du budget de l'État recouvrent :

- les dépenses de personnel (39,4 %) ;
- les suivies des dépenses d'intervention (28,1 %) ;
- les dépenses de fonctionnement (14,2 %) ;
- les charges de la dette (10,3 %) - soit - 1,1 point par rapport à 2019 alors que le stack de dette ne cesse d'augmenter : l'État profite des taux historiquement bas des marchés financiers pour se financer ;
- les dépenses d'investissement ne représentent quant à elles que 4,1 % du budget global.

Par politiques publiques, le budget 2020 de l'État est décomposé en 32 missions sur lesquelles se ventilent 333 milliards de dépenses publiques dont les plus importantes sont :

- l'Éducation et la recherche : 102,7 milliards d'euros ;
- la défense et les sécurités : 66,6 milliards d'euros ;
- les politiques sociales : 54,5 milliards d'euros.

Certaines autres politiques publiques apparaissent moins dotées au regard des moyens beaucoup plus réduits qui leur sont dégagés malgré d'indéniables rattrapages depuis la crise de 2020 :

- le développement durable : 13,3 milliards d'euros ;
- la justice : 9,4 milliards d'euros.

DES BUDGETS 2020 ET 2021 EXCEPTIONNELS

La crise sanitaire marquera profondément le budget de l'État en 2020, les correctifs budgétaires représentent environ 183 milliards d'euros. Cette restructuration du budget intervient en raison de la contraction inédite des impôts sur les revenus et des sociétés, liée à la récession mais aussi à l'augmentation des dépenses dont les garanties de prêts, les mesures de reports et la prise en charge du chômage partiel par l'État.

> Le troisième projet de loi de finances rectificative pour 2020 en débat au Parlement à l'été 2020 donne la priorité à l'apprentissage et va créer un dispositif d'exonération des charges pour les jeunes, notamment les moins qualifiés, qui « *durera un à deux ans* » selon les annonces du nouveau gouvernement Castex. Alors que 700 000 jeunes étaient attendus en septembre sur le marché du travail, 300 000 contrats d'insertion leur seraient ainsi proposés. Le nombre de service civique serait également quasiment doublé pour la fin de l'année, avec 100 000 contrats supplémentaires de disponible. Pour parachever cette priorité pour les jeunes, le chef de l'État a annoncé l'ouverture de 200 000 places dans les formations supérieures qualifiantes. Le déficit public atteint environ 9,2 % du PIB en 2020, après 2,1 % en 2019. Il s'établirait à environ 8,5 % du PIB en 2021. La dette publique augmente de près de 20 points en 2020 pour atteindre 117,5 % du PIB, avant de refluer à 116,2 % en 2021 (prévision). Sur le plan de relance de cent milliards d'euros, l'année 2021 devrait en engager un tiers.
> La loi de finances pour 2021 confirme par ailleurs les engagements du gouvernement en matière de baisse des impôts, avec la suppression progressive de la taxe d'habitation sur les résidences principales engagée en 2018 et la baisse du taux de l'impôt sur les sociétés.
> Enfin, Paris doit également recevoir 40 milliards d'euros de l'Europe pour alimenter le plan du gouvernement français dont les premiers crédits sont versés en septembre 2021.

84. Quel est le cadre économique du budget ?

On soulignera pour répondre à cette question que les cadres politique et économique sont liés dans la construction budgétaire. L'approche libérale tend à se méfier de l'interventionnisme budgétaire (trop lent, jouant d'effets d'éviction par la hausse des impôts qu'il suggère, ou perturbateur pour les équilibres), tandis que l'approche interventionniste est plus sensible aux effets de stimulation (relance keynésienne) et de redistribution dans le sens d'une correction des inégalités.
Le cadre économique du budget tient compte de la situation économique rétrospective et prospective (taux de croissance, niveau de chômage, niveau des prix…). Il s'appuie moins désormais sur la planification (qui n'est plus qu'indicative) que sur des modèles macroéconomiques et des programmations sectorielles (les lois quinquennales sur la programmation de la défense, l'emploi, les finances publiques, les contrats de plan État-régions : CPER).

85. Qu'est-ce que le principe du monopole gouvernemental ?

Le principe est celui du monopole gouvernemental (confirmé par le Conseil constitutionnel), d'une prépondérance du ministère des Finances et d'une autre, renforcée, du Premier ministre (depuis la LOLF, le nombre de décisions décrétales a augmenté à son bénéfice avec un caractère plus solennel de ses orientations : décrets d'avance et de virement, annulations de crédits), avec des corrections parlementaires à travers le débat d'orientation budgétaire.

Le président de la République n'est pas ordonnateur de dépenses : son rôle est plus informel. En revanche, la citadelle de Bercy est assise sur un pouvoir informel régulièrement pointé.

La Constitution de la Ve République confère le pouvoir financier au Premier ministre (article 21). L'ordonnance de 1959 précise : « *Sous l'autorité du Premier ministre, le ministre des Finances prépare les projets de lois de finances qui sont arrêtés en Conseil des ministres.* »

Le gouvernement dispose d'un quasi-monopole dans la préparation du budget avec une prépondérance du ministre des Finances et de l'administration de Bercy.

86. Quelles sont les étapes de la discussion et du vote du budget ?

L'article 34 de la Constitution dispose que « *les lois de finances déterminent les ressources et les charges de l'État dans les conditions et sous les réserves prévues par une loi organique* ».

Le gouvernement a le monopole de la préparation et de la présentation des lois de finances qui ne peuvent résulter que de l'adoption d'un projet de loi (article 47 de la Constitution).

Le Parlement est, depuis 1996, associé à la préparation du projet de loi de finances dans le cadre d'un débat d'orientation des finances publiques dont l'organisation, au mois de juillet en principe, après la discussion en première lecture du projet de loi de règlement de l'exercice précédent, a été consacrée par la LOLF (article 48). Ce débat s'engage sur la base d'un rapport du gouvernement sur l'évolution de l'économie nationale et sur les orientations des finances publiques.

La commission des finances de l'Assemblée nationale procède à l'audition du premier président de la Cour des comptes, qui vient présenter le rapport de celle-ci, publié à cette occasion, sur la situation et les perspectives des finances publiques. Elle publie également un rapport d'information préparatoire au débat d'orientation.

L'article 47 de la Constitution fixe à 70 jours le délai accordé au Parlement pour statuer sur le projet de loi de finances. Le délai ainsi prévu se décline (LOLF, article 40) de la façon suivante :

- première lecture à l'Assemblée nationale : 40 jours ;
- première lecture au Sénat : 20 jours ;
- navette parlementaire : 10 jours.

Le projet de loi de finances comprend deux parties différentes : les recettes et les dépenses.

Selon l'article 42 de la LOLF, la seconde partie, les dépenses, ne peut être discutée si la première partie, c'est-à-dire les recettes, n'a pas été adoptée.

Les amendements ne sont pas recevables lorsqu'ils ont pour conséquences soit une diminution des ressources publiques, soit la création ou l'aggravation des charges publiques.

À l'intérieur d'une mission, les parlementaires peuvent répartir les crédits à leur gré mais ils (discipline de groupe oblige !) ne modifient pas dans les faits les grands équilibres de la loi de finances.

87. Qu'est-ce que l'exécution financière d'un budget ?

C'est une question qui renvoie au rôle du comptable, en charge de veiller pendant l'exécution budgétaire à la sincérité des enregistrements comptables (pour payer une dépense, elle doit être inscrite au budget), et aux procédures (avant de payer, le comptable doit s'assurer qu'il dispose bien des pièces : marché, bon de commande, bon de livraison) quand bien même la collectivité est tenue d'assurer ce bon déroulé du cycle de la dépense, de son inscription à sa réalisation physique.

88. Comment est assurée la constitutionnalité d'un budget ?

Le Conseil constitutionnel a la charge de contrôler la constitutionnalité des projets de loi de finances avant qu'ils ne soient promulgués par le président de la République. Ainsi, l'article 61, alinéa 2 de la Constitution dispose : « *Les lois peuvent être déférées au Conseil constitutionnel, avant leur promulgation, par le président de la République, le Premier ministre, le président de l'Assemblée nationale, le président du Sénat ou soixante députés ou soixante sénateurs.* »

Depuis la réforme constitutionnelle de 1974, les parlementaires de l'opposition ont donc eu recours aux décisions du Conseil constitutionnel de manière à obtenir juridiquement ce qu'ils n'avaient pas pu obtenir au cours de la navette politique entre les deux assemblées. À ce titre, mentionnons la déclaration d'inconstitutionnalité d'une mesure emblématique du président Hollande concernant l'introduction d'un taux marginal de l'impôt sur le revenu à 75 % : la taxation était « *assise sur les revenus de chaque personne physique* » alors que l'impôt sur le revenu est prélevé « par foyer », ce qui constitue une « *méconnaissance de l'égalité devant les charges publiques* » (Conseil constitutionnel 29 décembre 2012, 2012-662 DC).

Ce contrôle se réalise avant le 31 décembre de l'année civile pour qu'en respectant le principe d'annualité budgétaire, la loi de finances entre en vigueur au 1er janvier de l'année.

89. Qu'est-ce qu'une loi de finances ?

Les lois de finances « *déterminent, pour un exercice [en France, une année civile], la nature, le montant et l'affectation des ressources et des charges de l'État, ainsi que l'équilibre budgétaire et financier qui en résulte* » (art. 1 de la loi organique relative aux lois de finances du 1er août 2001).

Il existe plusieurs types de loi de finances, qui font toutes l'objet d'un vote du Parlement en tant qu'autorité budgétaire. Ce sont des lois ordinaires :

- la loi de finances initiale (LFI) : elle autorise notamment la perception des ressources de l'État et des impositions de toutes natures attribuées à des personnes morales autres que l'État. Elle autorise également l'État à emprunter pour se financer ;
- les lois de finances rectificatives (LFR) ou « collectifs budgétaires » modifient en cours d'année les dispositions de la LFI.

Le Parlement dispose d'un délai de 70 jours pour se prononcer sur les projets de loi de finances initiale (art. 47 C. et art. 40 LOLF) ; mais également les lois de finances rectificatives. L'Assemblée nationale est toujours saisie en premier de ces textes.

ARCHITECTURE DES LOIS DE FINANCES

Les lois de finances hiérarchisent l'information financière entre différents niveaux, du plus général au plus fin (de gauche à droite).

MISSION	PROGRAMMES	ACTIONS	SOUS ACTIONS
La mission est définie dans la loi organique relative aux lois de finances du 1er août 2001 comme « *un ensemble de programmes concourant à une politique définie* ». Les missions, ministérielles ou interministérielles sont les unités de vote du Parlement et ont été conçues pour favoriser le débat démocratique sur les politiques de l'État. Exemple : ministère des Armées, mission « Anciens combattants ».	Les programmes sont les regroupements de « *crédits destinés à mettre en œuvre une action ou un ensemble d'actions relevant d'un même ministère et auxquels sont associés des objectifs précis, définis en fonction de finalités d'intérêt général, ainsi que des résultats attendus et faisant l'objet d'une évaluation* ». Exemple : « programmes » tels que « Lien entre la nation et son armée », « Reconnaissance et réparation », « Indemnisation des victimes ».	Les actions décrivent le contenu du programme et regroupent des crédits ayant la même finalité. Les actions permettent d'identifier précisément les composantes, les modes d'action des politiques publiques et les fonctions exercées par chacun des acteurs. Le coût de chaque action doit être prévu dans le budget et suivi *ex post* (art. 51 de la loi organique du 1er août 2001).	Enfin, les sous actions permettent de détailler les actions tant au niveau du suivi que de la prévision.

> Les crédits sont ensuite ventilés selon une double grille qui est proche de celle employée par « programmes ». « L'action » est la destination politique de la dépense ou de la recette (ce qu'on appelle la « fonction » en collectivité) et le « titre » est la nature financière de la dépense ou de la recette (fonctionnement, personnel, investissement…), on évoque dans ce dernier cas en collectivité un « classement par nature ».

90. Qu'est-ce qu'une loi de règlement ?

La loi de règlement arrête le montant définitif des recettes et des dépenses de l'exercice, ainsi que le résultat budgétaire (déficit ou excédent) qui en découle. Les rapports annuels de performance (RAP) qui l'accompagnent permettent une comparaison entre l'utilisation qui a été faite des crédits au regard des objectifs fixés dans la loi de finances de l'année. L'examen de la loi de règlement est le lieu privilégié d'évaluation de la performance des politiques publiques.
NB : Les collectivités connaissent une tendance similaire : le compte administratif permet de mesurer l'écart avec les prévisions du budget primitif.

91. Qu'est-ce qu'une loi de programmation ?

Les lois de programmation des finances publiques (LPFP) s'inscrivent dans une démarche de gestion pluriannuelle des finances publiques tendue vers l'équilibre budgétaire. C'est une catégorie de normes financières, introduite à l'article 34 de la Constitution lors de la révision du 23 juillet 2008. Elles ne dérogent pas au principe d'annualité budgétaire mais constituent un assouplissement du cadre annuel pour favoriser la programmation.

92. Quel est le rôle du Trésor public ?

Le Trésor public est l'ensemble des moyens financiers dont dispose un État. Les services du Trésor public remplissent les fonctions de caissier (le Trésor recouvre la plupart des impôts et des recettes), paient les dépenses qui sont prescrites par les autres services de l'État et en contrôlent la régularité, en tant que comptables et financiers de l'État (politique des emprunts de l'État).

93. Quel est le rôle du responsable de la fonction financière ministériel ?

Le décret relatif à la gestion budgétaire et comptable publique (dit décret GBCP) de 2012 conforte le rôle des responsables de la fonction financière ministérielle dans chaque ministère en leur attribuant trois grandes séries de missions :

- il assure un rôle de coordination et de synthèse budgétaire et comptable au niveau du ministère concerné : en ce sens, il coordonne l'élaboration des projets annuels de performance (PAP) et des rapports annuels de performances (RAP) ;

- il veille au caractère soutenable du budget du ministère : il valide la programmation effectuée par le responsable du programme et suit sa réalisation ; il propose le cas échéant des mesures nécessaires au respect du plafond de crédits et des emplois ;
- enfin, il coordonne et met en œuvre les dispositifs de qualité, de conformité et d'efficience de la fonction financière.

94. Quel est le rôle du contrôleur budgétaire et comptable ministériel ?

Le contrôleur budgétaire exerce ses missions au sein de chaque ministère pour le compte du ministre chargé du budget. Il a en charge la surveillance du caractère soutenable de la gestion au regard des autorisations budgétaires votées, et la qualité de la comptabilité budgétaire.

Le contrôle porte également sur le respect des dispositions statutaires et indemnitaires applicables aux personnels, lorsque les projets d'actes sont soumis à son visa. Il contrôle le document prévisionnel de gestion des emplois et des crédits de personnel et s'assure du caractère soutenable de la programmation budgétaire.

95. Quelles sont les prérogatives du Parlement en matière de contrôle budgétaire ?

Sous la Ve République, la place du Parlement a été rationalisée.

- La rédaction des articles 40 et 41 de la Constitution démontre bien que les amendements pour modifier les orientations budgétaires du gouvernement ont une portée nécessairement réduite. Cette rationalisation a été confirmée à l'occasion de la dernière réforme constitutionnelle de 2008 qui a maintenu la portée limitée du Parlement dans l'examen des budgets présentés par le gouvernement.
- L'article 42, alinéa 2 dispose : « *La discussion en séance des projets de révision constitutionnelle, des projets de loi de finances et des projets de loi de financement de la Sécurité sociale porte, en première lecture devant la première assemblée saisie, sur le texte présenté par le gouvernement et, pour les autres lectures, sur le texte transmis par l'autre assemblée.* »

Pourtant, la place du Parlement se veut revalorisée, à l'image de l'article 24 de la Constitution qui dispose que « *le Parlement vote la loi. Il contrôle l'action du gouvernement. Il évalue les politiques publiques* ».

Il peut pour cela s'appuyer sur la Cour des comptes qui, au titre de l'article 47-2, « *assiste le Parlement dans le contrôle de l'action du gouvernement. Elle assiste le Parlement et le gouvernement dans le contrôle de l'exécution des lois de finances et de l'application des lois de financement de la Sécurité sociale ainsi que dans l'évaluation des politiques publiques* ».

Le rôle du Parlement a donc davantage été revalorisé *a posteriori* du vote des lois de finances.

96. Quelles sont la portée et les limites du contrôle budgétaire ?

Dès lors que la loi de finances est un acte d'autorisation du Parlement au gouvernement, des contrôles s'exercent pour s'assurer de la régularité de l'exécution budgétaire. Avec le développement de la logique de performance, de nouveaux outils de contrôle prospèrent depuis une vingtaine d'années.

Contrôles internes

- Au sein de l'administration, le **contrôleur financier** participe à l'exécution des lois de finances tant au niveau des crédits que des effectifs. Il assiste le ministère du Budget lors de la programmation (sincérité) mais également au stade de l'exécution (déblocage de crédits, suivi des consommations), il émet un avis (art. 10) sur les projets de diminution des crédits des dépenses de personnel ou des demandes additionnelles.
- Le **contrôle des comptables** n'est pas un contrôle d'opportunité mais de régularité, notamment la vérification de la qualité de l'ordonnateur qui lui enjoint de payer, s'assure de l'exactitude des pièces qui accompagnent cette demande. Il s'assure du caractère libératoire du paiement (il doit pouvoir calculer le paiement avec des volumes et des prix). Il suspend le paiement en cas d'irrégularités. Exceptionnellement, l'ordonnateur peut réquisitionner le comptable, ce qui a pour effet de décharger le comptable de sa responsabilité. Mais celui-ci peut refuser en cas de crédits insuffisants notamment.

DES CONTRÔLES PLUS CIBLÉS

La pratique du contrôle hiérarchisé de la dépense (CHD) reflète l'évolution vers un contrôle mieux proportionné selon les risques, par sondages. Le contrôle partenarial désigne une démarche d'implication des acteurs (comptable, ordonnateur, gestionnaire). Il s'agit moins d'un contrôle sur pièces que sur place, allégé, selon une démarche d'audit et de contrôle de fiabilité des procédures.

- L'**inspection générale des finances** peut contrôler les comptables publics, les ordonnateurs, avec des pouvoirs étendus, abordant les questions de fonctionnement, selon une procédure contradictoire. Ses conclusions sont transmises au ministre. Dans les faits, le nombre des inspections est réduit.

Contrôles externes

- Les contrôles par la **Cour de discipline budgétaire et financière** (CDBF) souffrent également de la critique de la faible responsabilité effective des ordonnateurs. La CDBF assiste également le Parlement et le gouvernement en appui des contrôles parlementaires, renforcés par la LOLF.

- Le contrôle des comptes du comptable public est de la compétence de la **Cour des comptes** selon un programme défini par son président. Les comptables remettent leurs comptes ainsi que les pièces justificatives qui doivent justifier tous les paiements. La Cour a une compétence d'ordre public, la responsabilité personnelle et pécuniaire des comptables peut être engagée (art. 60-1 loi 23 février 1963) tant sur l'exécution des dépenses (un paiement a été effectué sans pièce justificative, un marché par exemple, ou sans contrôle du service fait, c'est-à-dire sans contrôle de la livraison) ou des recettes (une relance d'impayé non effectuée par le comptable), même si son action ou son inaction n'a pas causé de préjudice. Il s'agit de sanctionner l'inobservation des contrôles. À l'issue d'une procédure contradictoire et écrite, le jugement peut décharger le comptable si le compte est régulier ou produire un arrêt de quitus s'il soumet pour la dernière fois ses comptes. Si le compte est irrégulier ou en déficit, le comptable peut verser la somme manquante, un débet peut être prononcé (une amende).

> **LA DIVERSITÉ DES TRAVAUX DE LA COUR DES COMPTES**
>
> La Cour exerce un contrôle de régularité, de sincérité et de fidélité des comptes de l'État.
> Elle exerce aussi des contrôles non juridictionnels, c'est-à-dire des examens de gestion incluant une dimension d'évaluation des politiques publiques, des recommandations, des transmissions de notes au procureur, des réalisations d'enquêtes pour le Parlement.

97. Qu'est-ce que le contrôle de l'exécution budgétaire ?

Questions de parlementaires, débats en commissions, l'exécution budgétaire peut également être contrôlée à différents stades.

En cours d'exécution

C'est le contrôle par la commission des finances, en contrôle continu, sur pièces et sur place pour suivre l'emploi des crédits par les ministères (c'est le rôle des rapporteurs spéciaux au budget), appuyé par l'article 57 de la LOLF. Ses membres peuvent déclencher un référé, son président se voit conférer un pouvoir sur l'évaluation, il peut être appuyé par la Cour des comptes sur des sujets les plus divers.

Après l'exécution

Dans le cadre de la loi de règlement, qui reflète la réalisation budgétaire, approuve le compte de résultat de l'exercice, le bilan et les annexes, elle ouvre les crédits pour régularisation en cas de dépassement pour force majeure, annule ceux non consommés ou reportés.

La loi de règlement confronte les crédits ouverts et ceux consommés participant ainsi d'une logique d'évaluation. Elle peut être accompagnée des rapports annuels de performances (RAP).
La loi de règlement précède le projet de loi de finances (PLF), les parlementaires doivent disposer de l'information N - 1 avant de débattre et adopter le budget N.

98. À quoi sert la Cour des comptes ?

Rappelant systématiquement dans chacun de ses rapports les dispositions de l'article 15 de la DDHC, la Cour des comptes a pour objectif d'informer le citoyen sur l'utilisation des deniers publics.
Pour ce faire, cette institution s'est vue progressivement dotée de quatre grandes missions :

- la Cour juge les comptes des comptables publics ;
- elle veille à la régularité, à l'efficience et à l'efficacité de la gestion. Ainsi, elle contrôle l'État et ses opérateurs, les organismes de Sécurité sociale, les entreprises publiques, les organismes bénéficiant de dons ainsi que les établissements et services médico-sociaux et les cliniques privées ;
- depuis l'introduction de la LOLF, la Cour certifie les comptes de l'État et du régime général de la Sécurité sociale. Depuis 2013, elle certifie également les comptes des deux assemblées ;
- enfin, la Cour assiste le Parlement et le gouvernement dans l'évaluation des politiques publiques.

99. Qu'est-ce que le Haut Conseil des finances publiques ?

Rattaché à la Cour des comptes, le Haut Conseil des finances publiques est un organisme indépendant créé par la loi organique du 17 décembre 2012 relative à la programmation et à la gouvernance des finances publiques. Il est chargé d'apprécier le réalisme des prévisions macroéconomiques associées aux textes financiers et la cohérence de la trajectoire de finances publiques avec les engagements européens de la France.
Ses avis ne sont que consultatifs mais ont une portée importante en assurant ou non de la crédibilité des prévisions du gouvernement, notamment en matière de croissance. Cet avis permet en effet de savoir si la trajectoire de moyen terme des comptes publics sera respectée ou non. En ce sens, il apparaît aujourd'hui comme le garant du principe de sincérité budgétaire.

100. Quelles sont les missions du Conseil des prélèvements obligatoires ?

Institution associée à la Cour des comptes, créée en 2005 en remplacement du Conseil des impôts, à vocation trop restreinte, le Conseil des prélèvements obligatoires est chargé d'apprécier l'évolution et l'impact économique, social et budgétaire de l'ensemble des

prélèvements obligatoires, ainsi que de formuler des recommandations sur toute question relative aux prélèvements obligatoires.
Il a ainsi rendu récemment un rapport sur les taxes affectées, dérogation au principe de l'universalité budgétaire, mais qui tendent à se multiplier et qu'il conviendrait de mieux encadrer.

101. Que juge la Cour de discipline budgétaire et financière ?

Instituée par une loi de 1948, la Cour de discipline budgétaire et financière (CDBF), associée à la Cour des comptes, est une juridiction administrative spécialisée, de nature répressive, qui sanctionne les atteintes aux règles régissant les finances publiques, commises par les gestionnaires publics.
Les infractions réprimées par la Cour portent sur la violation des règles relatives à l'exécution des recettes, des dépenses, et à la gestion des biens des collectivités publiques ou des organismes publics ou privés soumis au contrôle des juridictions financières. Sont également concernées les fautes de gestion commises par un dirigeant d'entreprise publique. Dès lors, est justiciable de la CDBF, tout agent de l'État (cabinet et administration), d'une collectivité territoriale ou administrateur des entités soumises au contrôle de la Cour des comptes ou d'une chambre régionale des comptes. Les membres du gouvernement ne sont pas justiciables de la CDBF, et les ordonnateurs, élus locaux, ne le sont que dans certains cas exceptionnels prévus par le code des juridictions financières.

102. Qu'est-ce que la fongibilité asymétrique ?

Le Parlement accorde une souplesse au gestionnaire des fonds publics. Les « cases » du budget ne sont pas cloisonnées.
Par exemple, à l'intérieur de chaque programme, le responsable de programme peut en théorie affecter les crédits entre les différentes actions et les différents titres, mais aussi en leur sein, sous réserve de ne pas dépasser le plafond des dépenses de personnel. C'est-ce qu'on appelle la fongibilité asymétrique.
À la fin de l'exercice, il doit rendre compte de sa gestion : exposer les résultats obtenus et justifier les écarts par rapport aux prévisions.

103. Qu'est-ce que le « PAP » et le « RAP » ?

Ce sont des notions attachées à l'évaluation des « programmes », c'est-à-dire regroupements de crédits destinés à mettre en œuvre une action ou un ensemble d'actions relevant d'un même ministère (voir le tableau de la question 89).
Au stade de la prévision (lire la question 89), le « projet annuel de performances » (PAP) décrit la stratégie, les actions, les objectifs poursuivis, les indicateurs associés et les résultats obtenus l'année précédente et attendus pour l'année suivante, l'évolution des

crédits par rapport aux dépenses effectives de l'année antérieure. Il est joint à la loi de finances de l'année.
Au stade du constat de la réalisation (c'est-à-dire la loi de règlement, lire question 90), le « rapport annuel de performances » (RAP) est construit selon la même structure que le projet annuel de performances. Afin de faciliter les comparaisons, il rend compte des résultats obtenus et permet de réorienter l'action en fonction de ceux-ci.
Des exemples d'évaluation et d'indicateurs figurant dans ces documents sont présentés dans les questions 189 à 194.

104. À quoi sert le Haut Conseil des finances publiques ?

Le pacte budgétaire européen ou traité sur la stabilité, la coordination et la gouvernance du 22 octobre 2012 a posé les bases d'une meilleure expertise de l'évolution des politiques budgétaires des États. À sa suite, la loi organique du 17 décembre 2012 a créé le Haut Conseil des finances publiques, présidé par le premier président de la Cour des comptes, et qui est chargé d'apprécier le réalisme des prévisions macroéconomiques et la cohérence des textes financiers au regard des objectifs pluriannuels de solde structurel.
Ainsi, saisi par le gouvernement, le Haut Conseil rend des avis sur :

- l'estimation du produit intérieur brut potentiel sur laquelle repose le projet de loi de programmation des finances publiques, qui elle-même fixe l'objectif à moyen terme (OMT) des administrations publiques et détermine les trajectoires des soldes structurel et conjoncturel. À ce titre, le solde structurel des finances publiques françaises, qui retraite le poids des intérêts de la dette, fait apparaître un déficit depuis de nombreuses années ;
- les prévisions macroéconomiques sur lesquelles reposent le projet de loi de finances (PLF) de l'année, le projet de loi de financement de la sécurité sociale (PLFSS) et les éventuelles lois rectificatives (PLFR). Il faut notamment, au travers de l'étude des données internationales, que les prévisions du gouvernement ne soient pas en inadéquation avec les grandes tendances qui pourraient conduire à une dégradation des comptes publics. À ce titre, le Haut conseil s'appuie sur les analyses d'organisations extérieures (consensus des économistes, etc.).

L'objectif de cette institution est bien de répondre à l'obligation de sincérité des prévisions budgétaires qui pourraient engendrer des écarts à l'objectif de maîtrise des comptes publics, de respect de la loi de programmation des finances publiques et, par conséquent, de respect des engagements européens de la France.

3 Finances des collectivités territoriales

1. Questions

105. Qu'est-ce que le principe d'autonomie financière ?

106. Quelles sont la portée et les limites du principe d'autonomie financière des collectivités ?

107. Quelles sont les principales dépenses du bloc communal ?

108. Quelles sont les principales dépenses du département ?

109. Quelles sont les principales dépenses de la région ?

110. Quels sont les enjeux du pilotage des ressources humaines en collectivité ?

111. Quels sont les grands types de ressources locales ?

112. Que représente l'emprunt pour les collectivités ?

113. Quels sont les principaux impôts locaux ?

114. Quel est le cycle particulier de la dépense locale ?

115. Quels sont les fonds de péréquation ?

116. Qu'est-ce que la règle d'or des finances locales ?

117. Le recours à l'emprunt est-il illimité ?

118. Qu'est-ce qu'une CLECT ?

119. Quels sont le processus et les acteurs de la construction budgétaire ?

120. Qu'est-ce que le débat d'orientation budgétaire ?

121. Quels rapports sont adoptés concomitamment au budget primitif ?

122. Quelle différence faire entre un compte de gestion et un compte administratif ?

123. Quelle est la portée de la séparation entre l'ordonnateur et le comptable ?

124. Qui exécute et qui contrôle le budget local ?

125. Quel est le rôle des chambres régionales des comptes et du préfet ?

126. Qu'est-ce que l'ODEDEL ?

2. Réponses

105. Qu'est-ce que le principe d'autonomie financière ?

L'autonomie financière est affirmée par la Charte européenne de l'autonomie locale de 1985 mais elle a été ratifiée tardivement par la France en 2006, soit après la révision constitutionnelle du 28 mars 2003 qui introduit un article 72-2 dans la Constitution affirmant ce principe.

L'article 9 de la Charte européenne de l'autonomie locale décline l'autonomie financière à travers huit principes :

- libre choix des dépenses financées par des ressources propres ;
- ressources proportionnées aux compétences locales ;
- ressources fiscales dont le taux est déterminé par les autorités locales ;
- ressources locales diversifiées et évolutives ;
- mécanismes de péréquation ;
- consultation des collectivités lors de la réforme de leurs ressources ;
- globalisation des dotations de l'État ;
- accès des collectivités aux marchés de capitaux.

La majeure partie de ces principes se trouve dans la Constitution française mais la difficulté réside dans une incompréhension culturelle entre l'État et les autorités locales : le jacobinisme semble l'avoir longuement alimentée.

106. Quelles sont la portée et les limites du principe d'autonomie financière des collectivités ?

L'autonomie financière n'est donc pas synonyme d'autonomie fiscale. La Constitution garantit des ressources propres aux collectivités pour qu'elles puissent assumer leurs dépenses obligatoires, voire certaines dépenses facultatives.

Cependant, l'autonomie financière est affectée par plusieurs limites majeures :

- d'une part, la France étant un État unitaire :
  - les contrôles de l'État sur les collectivités sont nombreux, et ce pour renforcer l'égalité entre les territoires,
  - l'autonomie fiscale n'est donc pas souvent bien considérée et le pouvoir de taux laissé aux collectivités peut renforcer les déséquilibres territoriaux (pression fiscale). Par ailleurs, dans un contexte où la clause générale de compétences a été mise en cause pour les régions et départements, l'autonomie fiscale semble devoir disparaître pour ces niveaux. C'est ainsi que l'on peut s'interroger sur une certaine recentralisation des finances locales ;
- d'autre part, les contrôles de l'État sur les collectivités, quoique désormais réalisés *a posteriori* du vote des budgets, demeurent, que ce soit par l'intermédiaire du préfet ou

de la chambre régionale des comptes. Ce contrôle porte généralement sur l'équilibre réel des budgets même si des contentieux émergent s'agissant des obligations légales des collectivités en matière de présentation des documents budgétaires ;
- enfin, au cours de la période récente, il a à la fois été possible de s'interroger sur l'autonomie des collectivités du fait de leurs recettes (baisses des dotations de l'État, suppression de certains impôts locaux) et du fait de leurs dépenses (contractualisation).

107. Quelles sont les principales dépenses du bloc communal ?

Parmi les postes principaux :
- les dépenses liées au patrimoine (nouveaux équipements ou gros entretien) ;
- les charges fixes dont les frais de personnel nécessaires au fonctionnement du service public local ;
- les subventions et contingents pour actions sociales ou pour incendies (obligatoires) ;
- les subventions dans les domaines culturels ou sportifs ;
- les achats courants dont les consommables et les dépenses de fluides (eau, gaz...) ;
- les dépenses d'entretien, les assurances ;
- les intérêts de la dette constituent, avec les frais de personnel, les dépenses obligatoires.

Les dépenses de fonctionnement peuvent représenter 40 %, voire 60 % des dépenses pour une commune. Elle peut décider de transférer partie de ses compétences à l'intercommunalité, en charge de déployer les politiques publiques avec les ressources que les communes de son territoire lui auront transférées en fonction d'un intérêt communautaire défini par elles.

Les départements ou les régions se singularisent par le poids des dépenses de transferts dans leur budget : RSA pour le département, subventions d'équipement pour les régions...

108. Quelles sont les principales dépenses du département ?

Le département est l'échelon des politiques sanitaires et sociales.

Il doit en premier lieu, au titre de ses dépenses obligatoires, délivrer les prestations sociales comme l'aide sociale à l'enfance, l'aide aux personnes âgées, la prestation de compensation du handicap, l'allocation personnalisée d'autonomie et le revenu de solidarité active. Par ailleurs, le département est compétent concernant les questions de la protection de l'enfance et de la délivrance des agréments aux structures d'assistance maternelle. Le département est également compétent pour ce qui concerne la construction et la gestion des collèges, des routes départementales et des équipements sportifs. De plus, il a en charge le développement culturel au travers de certains équipements (musées, bibliothèques, etc.). Enfin, les départements contribuent au financement des services départementaux d'incendie et de secours (SDIS).

LES BUDGETS DES DÉPARTEMENTS SOUS TENSION

Les budgets des départements sont donc sous tension car le montant des allocations versées pour les minima sociaux est fixé au niveau national. Le nombre des allocataires dépend largement de la conjoncture économique. Un tiers des budgets peine à être à l'équilibre.

109. Quelles sont les principales dépenses de la région ?

Les compétences de la région ont augmenté sur la période récente, notamment avec la loi relative à la nouvelle organisation territoriale de la République du 7 août 2015. En effet, à cette occasion, les régions se sont vues confier le développement économique, les transports publics ainsi que les transports scolaires. La région est devenue le niveau territorial de la programmation des politiques menées aux niveaux locaux. Ainsi, la région a la charge de la gestion des infrastructures de transports régionaux (TER).
Par ailleurs, la région est compétente en matière de formation professionnelle et d'apprentissage mais aussi en matière d'emploi et d'insertion. De plus, la région est compétente dans le domaine de l'énergie et de la promotion de la transition énergétique. De même, elle a en charge la construction et la gestion des lycées. Enfin, une part conséquente du budget régional est reversée à des organismes extérieurs comme les associations ou les entreprises.

110. Quels sont les enjeux du pilotage des ressources humaines en collectivité ?

Selon les collectivités territoriales, les enjeux du pilotage de la masse salariale ne sont pas les mêmes en matière de poids financiers. Des administrations de gestion comme les communes et les départements ont en effet une masse salariale importante à gérer en lien avec leurs compétences de proximité (bloc communal) et sociale (département). À l'inverse, des administrations de missions plus récentes comme les régions (1986) ont un poids de masse salariale plus réduit dans le total du budget.
En revanche, les outils de gestion des ressources humaines sont les mêmes quels que soient les niveaux de collectivité auxquelles on se réfère. Il s'agit effectivement de connaître l'évolution de la masse salariale grâce à des indicateurs comme le glissement vieillesse technicité (GVT), qui permettent d'anticiper l'évolution des moyens humains en fonction de la pyramide des âges.
Elle dépend également de la valeur du point d'indice décidé par l'État : il s'applique à tous les agents des collectivités.
Il s'agit aussi et surtout d'anticiper les besoins futurs de la collectivité grâce à la gestion prévisionnelle des emplois, des effectifs et des compétences (GPEEC) qui doit permettre de favoriser les changements de poste des agents mais aussi de préparer les reclassements en fonction des troubles musculo-squelettiques ou des risques psychosociaux développés par les agents, et de limiter les sources de l'absentéisme.

En conclusion, les variables d'évolution de la masse salariale des collectivités dépendent à la fois de leurs décisions (recrutements, remplacement des départs...), de l'ancienneté du personnel, des conditions de travail qui interfèrent sur les rémunérations ou sur l'absentéisme, et de facteurs exogènes, pour l'essentiel l'État fixe le cadre de rémunération et le point d'indice.

111. Quels sont les grands types de ressources locales ?

Simplement, on peut distinguer :

- des ressources définitives (les recettes fiscales, les concours de l'État tels que la DGF – dotation globale de fonctionnement – instituée en 1979 pour compenser les charges supportées par les collectivités ou le fonds de compensation de la TVA pour supporter l'effort d'investissement des collectivités en compensant par un remboursement partiel de la TVA...) ;
- des ressources temporaires, qui doivent faire l'objet d'un remboursement par la collectivité bénéficiaire (l'emprunt).

Cette distinction fait écho également à la différence traditionnelle entre ressources propres (autofinancement, impôts, dotations) et ressources externes telles que l'emprunt (que les collectivités se procurent auprès des banques quand les ressources propres ne sont pas suffisantes).

Au sein des ressources propres, on peut choisir une autre clé de distinction en séparant :

- les recettes fiscales (impôts ménages et entreprises) ;
- des recettes non fiscales telles que les dotations, prélevées sur les recettes de l'État, prévues aux lois de finances (LOLF), pour être versées aux collectivités sous forme de dotations.

Les concours financiers de l'État comprennent :

- les prélèvements sur les recettes de l'État au profit des collectivités ;
- les crédits du budget général relevant de la mission « relations avec les collectivités territoriales » ;
- le produit de l'affectation de la taxe sur la valeur ajoutée (TVA) aux régions notamment.

LA NOUVELLE FISCALITÉ SUR LES ENTREPRISES

Introduite par la loi de finances initiale pour 2010, la contribution économique territoriale (CET) se substitue à la taxe professionnelle (TP) comme la première imposition locale des entreprises. La CET se décompose globalement en deux parties :

- la cotisation foncière des entreprises (CFE) est collectée au seul profit des communes et de leurs groupements. Son taux reste voté par les élus dans le cadre de règles de plafonnement et de liaison. La CFE est assise sur la valeur locative des biens passibles d'une taxe foncière (terrains, constructions, installations...) ;

- la cotisation sur la valeur ajoutée des entreprises (CVAE) est partagée entre les différents niveaux de collectivités (25 % pour les communes et leurs groupements, 25 % pour les régions, 50 % pour les départements). Son taux est fixé nationalement selon un barème progressif en fonction du chiffre d'affaires.

Les collectivités territoriales perdent l'essentiel de leur liberté de fixation des taux au fur et à mesure des évolutions de la fiscalité sur les entreprises (la taxe professionnelle remplacée à partir de 2010 par la contribution économique des territoires), car elles n'ont pas la maîtrise du taux de la CVAE et seul l'échelon communal bénéficie de la CFE (la CET est composée de la CVAE et de la CFE).

LA RÉFORME DES IMPÔTS DE PRODUCTION

Il ressort des dernières analyses comparatives que le poids des impôts de production est plus important dans le PIB français que dans celui de ses principaux partenaires. Aussi, le ministère de l'Économie a profité de la crise sanitaire pour intégrer dans le plan de relance de 100 milliards d'euros une disposition visant à réduire les impôts de production des entreprises à hauteur de 20 milliards d'euros. Ces dispositions s'articulent autour de trois axes :

- la réduction de moitié de la cotisation sur la valeur ajoutée des entreprises (CVAE) ;
- la réduction de moitié de la cotisation foncière des entreprises (CFE) et de la taxe foncière sur les propriétés bâties (TFPB) pour leurs établissements industriels évalués selon la méthode comptable ;
- l'abaissement de 3 % à 2 % du taux de plafonnement de la cotisation économique territoriale (CET) en fonction de la valeur ajoutée, ce qui permettra d'éviter qu'une partie du gain de la baisse de la CVAE et des impôts fonciers ne soit neutralisée par le plafonnement.

112. Que représente l'emprunt pour les collectivités ?

L'emprunt représente une ressource externe du budget à opposer aux ressources propres. Sur près de 50 milliards d'euros d'investissement annuel, les collectivités empruntent régulièrement moins de 18 à 19 milliards d'euros. La part dite autofinancée de l'effort d'équipement a même eu tendance à s'accroître sur la période récente.

La décision d'emprunter relève de l'autorité délibérante. Elle détermine l'objet de l'emprunt ainsi que les conditions financières qui sont notamment : le montant du capital emprunté, les conditions de taux d'intérêt, la durée d'amortissement, la périodicité du paiement des échéances.

Cette compétence relative à la décision d'emprunter peut être déléguée pour des raisons de souplesse de gestion par le conseil municipal au maire, par le conseil départemental et régional à la commission permanente, par les groupements au bureau ou au président.

Les emprunts figurent dans un état annexé au budget (il s'agit d'une annexe obligatoire du budget), qui classe les dettes de la collectivité par établissement prêteur et type de prêt.

Les collectivités ont longtemps emprunté sur des produits classiques dont le « taux fixe échéances constantes » est l'exemple.
Avec la banalisation des financements locaux, des banques commerciales ont commercialisé des produits plus complexes dont certains ont pu s'avérer dangereux.
Les collectivités ont le choix des banques moyennant le respect de règles de consultation (qui ne dépendent pas du code des marchés publics), elles n'ont pas de limite d'emprunt si elles respectent les conditions de l'équilibre budgétaire.

113. Quels sont les principaux impôts locaux ?

Les ressources fiscales des collectivités se décomposent en fiscalité directe et fiscalité indirecte.
La fiscalité directe comprend principalement quatre taxes :

- la taxe d'habitation, payée par les particuliers et certains professionnels ;
- la taxe sur le foncier bâti, payée par les propriétaires du terrain ;
- la taxe sur le foncier non bâti, également payée par les propriétaires du terrain ;
- la contribution économique territoriale, acquittée par les entreprises, venant en substitution de la taxe professionnelle (TP) supprimée depuis 2010.

En tout, elles représentent près de 80 milliards d'euros.
Des prélèvements directs de moindre importance sont également à noter, comme la taxe d'enlèvement des ordures ménagères.
La fiscalité indirecte comprend des droits de mutation à titre onéreux (payables dans le cas de la vente d'une maison), la part locale de la taxe intérieure de consommation sur les produits énergétiques (TICPE, qui porte sur la consommation d'essence), la taxe sur les cartes grises, la taxe sur l'électricité, sur le domaine public (un restaurateur utilisant la voie publique pour ses terrasses...).

QUELLE RÉFORME DE LA FISCALITÉ LOCALE À L'HEURE DE LA CRISE ?

La fiscalité locale est le produit des quatre taxes introduites durant la Révolution française : la taxe d'habitation, les taxes foncières sur la propriété bâtie et non bâtie, et la taxe professionnelle. Ces taxes ont été qualifiées de bien des noms dépréciatifs : « imbécile », « injuste », etc.
La taxe professionnelle taxait les entreprises qui investissaient, raison pour laquelle elle fut remplacée en 2010 par une série de taxes de moindre rendement (cotisation sur la valeur ajoutée des entreprises, contribution foncière des entreprises, imposition forfaitaire sur les entreprises de réseau), dans le but de faire face aux délocalisations.
La taxe d'habitation est de la même façon appelée à disparaître, avec abattements par tiers de 2018 à 2020, en raison de son caractère injuste ; cela concerne 80 % des Français. Elle ne tient qu'imparfaitement compte des capacités contributives des citoyens locaux ; territorialement surtout puisque les locaux étaient appréciés

en fonction d'une valeur locative cadastrale, théorique, loin de la valeur vénale des biens.
Un objectif aurait donc pu être de modifier l'appréciation des bases d'imposition, puisque la valeur locative cadastrale est également la source de calcul de la taxe foncière des propriétaires. Cependant, cette réforme a toujours été avortée depuis sa mise en œuvre en 1970 en raison des profonds changements qu'elle introduit pour les ménages et d'un jeu de vases communicants entre différentes catégories de la population qui est politiquement sensible. Il y a donc fort à parier que les taxes foncières imposées aux ménages et aux entreprises feront également l'objet d'une remise en cause dans les prochaines années.
La crise sanitaire repose également la question de la charge fiscale qui pèse sur les entreprises en cas de dépression, en particulier les plus petites ou celles appartenant aux secteurs industriel et de la construction. L'autre thème, plus récurrent et cher aux élus, porte sur la question du pouvoir de taux, à savoir sur le degré d'autonomie fiscale qu'on donne aux collectivités au regard d'une frange croissante de leurs recettes « nationalisées », c'est-à-dire dépendant moins des caractéristiques du territoire.

114. Quel est le cycle particulier de la dépense locale ?

La dépense locale a cette particularité par rapport aux dépenses d'autres acteurs publics : elle est générée par une décision politique d'un organe élu (pour une commune : le maire et le conseil municipal...).
L'observation du cycle des dépenses locales démontre généralement une évolution calée sur le cycle électoral. Pour des raisons assez naturelles : entrant en fonction, les élus passent généralement la première année du mandat à sortir les projets anciens des cartons, à mettre à l'étude les projets nouveaux. Avec les consultations pour les appels d'offres et les délais de passation des marchés de travaux par exemple, les deux premières années suivant les élections sont généralement faibles en dépenses engagées. Pour une commune, les « sorties de chantiers » viennent davantage à l'échéance des troisième, quatrième et cinquième années et correspondent aux périodes de factures et de paiements. À la sixième et dernière année d'un mandat, l'année de l'élection marque un point bas du cycle de la dépense locale.

115. Quels sont les fonds de péréquation ?

D'une part, les fonds de péréquation verticale sont nombreux et se matérialisent principalement à travers la dotation globale de fonctionnement (DGF), enveloppe normée au sein de laquelle des dotations comme la dotation de solidarité urbaine ou la dotation de solidarité rurale varient pour renforcer l'équité territoriale. Au cours des dernières années, pour intégrer les collectivités dans l'effort de maîtrise des dépenses publiques, l'enveloppe normée a été réduite de manière générale pour mieux renforcer les fonds de péréquation spécifiques.

D'autre part, les fonds de péréquation horizontaux se sont multipliés niveau par niveau de collectivité. Parmi eux, on mentionnera :

- concernant le bloc communal, le Fonds national de péréquation des ressources communales et intercommunales (FPIC) ;
- concernant les départements, le Fonds national de péréquation des droits de mutation à titre onéreux ;
- concernant les régions, le Fonds national de péréquation des ressources des régions.

116. Qu'est-ce que la règle d'or des finances locales ?

La règle d'or des finances locales repose sur l'équilibre réel des budgets locaux, prévu à l'article L. 1612-4 CGCT (code général des collectivités territoriales) qui dispose : « *Le budget de la collectivité territoriale est en équilibre réel lorsque la section de fonctionnement et la section d'investissement sont respectivement votées en équilibre, les recettes et les dépenses ayant été évaluées de façon sincère, et lorsque le prélèvement sur les recettes de la section de fonctionnement au profit de la section d'investissement, ajouté aux recettes propres de cette section, à l'exclusion du produit des emprunts, et éventuellement aux dotations des comptes d'amortissements et de provisions, fournit des ressources suffisantes pour couvrir le remboursement en capital des annuités d'emprunt à échoir au cours de l'exercice.* »

L'emprunt ne peut couvrir que les dépenses d'investissement. Concrètement, pour qu'il y ait un équilibre réel, il faut que chacune des deux sections, fonctionnement et investissement, soit votée en équilibre comptable :

- la section de fonctionnement doit avoir un solde nul ou positif. S'il est positif, cela constitue un autofinancement, qui conduit à réduire de fait le recours à l'emprunt. Les collectivités territoriales ne peuvent pas recourir à l'emprunt pour financer leurs dépenses de fonctionnement ;
- la section d'investissement doit aussi être votée en équilibre, c'est-à-dire avec un solde nul ou positif. L'emprunt est alors possible sous certaines conditions.

> **LE PETIT ÉQUILIBRE**
>
> **Le remboursement du capital emprunté préalablement est une dépense d'investissement qui doit être couverte par des recettes propres d'investissement. Autrement dit, l'emprunt nouveau ne peut servir à rembourser la dette ancienne.**

117. Le recours à l'emprunt est-il illimité ?

Le recours à l'emprunt est limité pour les collectivités territoriales en raison du volume souscrit et du risque que présente l'instrument financier contracté.

D'une part, l'emprunt est limité en volume selon les dispositions juridiques de la règle d'or, c'est-à-dire que l'emprunt ne peut servir à rembourser le stock de dette, et en fonction de ratios définissant un seuil critique au-delà duquel la collectivité se met en danger de ne pouvoir soutenir le volume de sa dette. En particulier, les chambres régionales des comptes sont sensibles à la capacité de désendettement (CAD), ratio définissant le nombre d'années nécessaires au remboursement de la dette en le rapportant à l'épargne dégagée en fonctionnement, soit une formule de type :

CAD = stock de dette/épargne brute

D'autre part, à la suite des scandales liés à la souscription d'emprunts toxiques, l'inspecteur général Gissler a défini une échelle des risques interdisant aux administrations de souscrire certains types d'emprunt.

LE CGCT FIXE DES BORNES

Ces dispositions ont été intégrées à l'article L. 1611-3 CGCT qui dispose : « *I.-Les collectivités territoriales, leurs groupements et les services départementaux d'incendie et de secours peuvent souscrire des emprunts auprès des établissements de crédit ou des sociétés de financement dans les limites et sous les réserves suivantes :*
1° L'emprunt est libellé en euros ou en devises étrangères [...] ;
2° Le taux d'intérêt peut être fixe ou variable [...] ;
3° La formule d'indexation des taux variables doit répondre à des critères de simplicité ou de prévisibilité des charges financières des collectivités territoriales, de leurs groupements et des services départementaux d'incendie et de secours [...]. »

118. Qu'est-ce qu'une CLECT ?

Les commissions locales d'évaluation des charges transférées (CLECT) sont instituées au sein des EPCI (établissements publics de coopération intercommunale) selon les dispositions de l'article 1609 nonies C du code général des impôts. Les CLECT ont vocation à être réunies lors de chaque transfert de charges entre les communes et leur EPCI.
De par sa composition, obligeant à une composition respectueuse de la représentation de chaque commune membre, la CLECT vise à assurer une neutralité financière entre les communes et les EPCI lors des transferts. Les règles relatives à l'adoption des rapports qu'elle émet assurent un traitement démocratique et se voulant équitable entre les communes membres et leur regroupement.

119. Quels sont le processus et les acteurs de la construction budgétaire ?

Le processus budgétaire des collectivités territoriales résulte d'un travail préparatoire avant adoption du budget, du vote du budget primitif (le document de prévision) puis de son exécution (le document des réalisations budgétaires).

- En premier lieu, la phase préparatoire à l'adoption du budget résulte d'une lettre de cadrage adressée par l'exécutif à l'ensemble des élus chargés de mettre en œuvre le programme de la mandature. Cette lettre de cadrage se construit en fonction d'hypothèses

d'évolution des recettes et d'une épargne à définir en fonction de l'ambition de la collectivité à investir, de ses contraintes fiscales ou d'endettement.
- En second lieu, à la suite des remontées des services, les commissions budgétaires définissent l'écart à l'objectif (le cadrage). Elles ont pour vocation de mettre en évidence des arbitrages. Le président de l'exécutif en a la responsabilité finale.

La phase d'élaboration du budget se conclut en deux temps :
- d'abord avec l'adoption du rapport d'orientations budgétaires ;
- puis avec l'adoption du budget primitif.

En définissant des politiques publiques prioritaires, la majorité procède donc à un certain nombre d'arbitrages, y compris concernant l'amélioration ou la dégradation des ratios de gestion.
- En dernier lieu, le budget s'exécute sur une année avant que les comptes ne soient arrêtés en fin d'exercice par le compte administratif. Cette étape est trop souvent réduite à un simple constat alors qu'il s'agit d'une étape essentielle, permettant à l'opposition de comparer l'exécution aux ambitions initialement affichées.

INCIDENCES DE LA CRISE SUR LES BUDGETS LOCAUX ET ORDONNANCES

Lors du vote de la loi d'urgence du 23 mars 2020, le Parlement a donné habilitation au gouvernement de prendre toutes mesures de nature à réduire les impacts de la crise mais aussi à permettre le fonctionnement des administrations. Ainsi, le gouvernement a pris plusieurs ordonnances à destination des entreprises, des administrations ou encore des particuliers. Parmi les ordonnances les plus importantes, certaines ont été prises dès le 25 mars 2020 :
- l'ordonnance portant création d'un fonds de solidarité pour les entreprises : les régions participent à ce fonds de soutien pour les artisans, commerçants et petites entreprises ;
- l'ordonnance portant adaptation du code de la commande publique ;
- les ordonnances portant adaptation des délais d'adoption des budgets locaux et de reddition des comptes locaux. Elles assouplissent les règles d'adoption des budgets et des taux de fiscalité et étendent les pouvoirs habituels des exécutifs locaux pour engager, liquider et mandater des dépenses pour les collectivités n'ayant pas adopté leur budget primitif. Elles augmentent également les plafonds des dépenses imprévues.

On mentionnera également en raison de sa portée l'ordonnance du 27 mars 2020 portant indemnisation du chômage partiel.

120. Qu'est-ce que le débat d'orientation budgétaire ?

Dans les communes de plus de 3 500 habitants, dans les EPCI dont au moins une commune membre compte 3 500 habitants, dans les départements et les régions, un débat

d'orientation budgétaire est organisé dans les deux mois (bloc communal), voire les dix semaines (départements et régions) qui précèdent l'adoption du budget primitif.
Selon les dispositions de l'article 107 de la loi NOTRe du 7 août 2015, un rapport d'orientation budgétaire est présenté, indiquant les informations financières nécessaires : orientations budgétaires, engagements pluriannuels, états de la dette. Concernant les structures de plus de 10 000 habitants, les règles formelles sont plus importantes et intègrent une présentation de la structure et de l'évolution des dépenses et des effectifs. Ces dispositions formelles ont une nouvelle fois été augmentées par la loi de programmation des finances publiques du 22 janvier 2018.
Le débat d'orientation budgétaire s'appuie sur le rapport d'orientation budgétaire et fait l'objet d'une délibération spécifique qui donne lieu à un vote.

121. Quels rapports sont adoptés concomitamment au budget primitif ?

Lors de l'adoption du budget primitif, certains rapports doivent être adoptés préalablement :

- le rapport sur la situation en matière de développement durable doit être adopté dans les collectivités territoriales et les EPCI de plus de 50 000 habitants selon les modalités de la loi n° 2010-788 du 12 juillet 2010. Il présente « *la situation en matière de développement durable intéressant le fonctionnement de la collectivité, les politiques qu'elle mène sur son territoire et les orientations et les programmes de nature à améliorer cette situation* » ;
- depuis le 1er janvier 2016, conformément aux dispositions de la loi du 4 août 2014, les collectivités et les EPCI à fiscalité propre de plus de 20 000 habitants doivent présenter un rapport sur l'égalité entre les hommes et les femmes intégrant un volet interne relatif à la politique des ressources humaines et un volet territorial concernant les politiques publiques d'égalité menées sur le territoire ;
- enfin, la loi du 16 décembre 2010 portant réforme des collectivités territoriales prévoit l'établissement d'un schéma de mutualisation contenu dans un rapport relatif aux mutualisations des services. Ce rapport est présenté par un EPCI à fiscalité propre et doit être mis en œuvre pendant la durée du mandat.

122. Quelle différence faire entre un compte de gestion et un compte administratif ?

Le compte administratif est tenu par l'ordonnateur tandis que le compte de gestion-bilan de la collectivité est tenu par le comptable.
Il ne doit pas exister de différence entre le compte de gestion et le compte administratif qui doivent, lors de leur adoption en assemblée délibérante, correspondre au centime près. Le premier est tenu par le comptable public ; le second par l'ordonnateur. Chacun des deux organismes étant chargé de tenir la comptabilité en fonction de l'exécution budgétaire.

Pourtant, sur le plan formel, les différences sont encore majeures entre les deux documents puisque le compte administratif s'apparente à un compte de résultat associatif avec quelques obligations réglementaires supplémentaires ayant trait au bilan de la collectivité, par exemple concernant les états de dette ou la liste des véhicules. Le compte de gestion est quant à lui plus complet puisqu'il tente, en fonction des connaissances transmises par l'ordonnateur, de suivre l'état de l'actif comme le ferait le bilan d'une entreprise.
Alors que deux documents sont tenus aujourd'hui par deux organismes distincts, les informations étant souvent insuffisantes pour apprécier le patrimoine et la santé financière de la collectivité, une réforme est en cours pour fusionner les deux documents sous forme d'un compte financier unique.

123. Quelle est la portée de la séparation entre l'ordonnateur et le comptable ?

L'ordonnateur est l'exécutif local chargé d'engager les dépenses publiques. Il doit transmettre avant de payer (ou de mandater) toutes les pièces au comptable sur la chaîne de la dépense. Celui-ci doit vérifier que la dépense est prévue au budget, qu'elle a bien été engagée juridiquement (par un marché, un bon de commande) et livrée (service fait).
Le comptable, agent public de l'État, est caissier et en assure le paiement.

- Oui, la séparation a un sens sur le plan de la distinction des missions de manière à assurer un contrôle de la régularité des comptes. La séparation entre celui qui ordonne (le maire) et celui qui paie (le comptable public) facilite le contrôle de la dépense publique.
- Non, sur le plan organique, dès lors que l'audit des processus permet de constater ou de réaliser les erreurs dans le cadre des cycles d'exécution budgétaire et comptable.

On pourrait imaginer qu'un rapprochement, voire la fusion entre l'ordonnateur et le comptable, déplace la responsabilité du comptable vers l'ordonnateur (les élus), ce qui n'est pas une mince affaire...

124. Qui exécute et qui contrôle le budget local ?

L'adoption du budget (budget primitif, décisions modificatives) fait l'objet d'un contrôle du préfet qui vérifie le respect des principes budgétaires et, en particulier, l'équilibre réel du budget. En cas de doute, le préfet peut saisir la chambre régionale des comptes qui vérifie le respect d'équilibre des comptes, notamment l'inscription des dépenses obligatoires (article L. 2321-1 CGCT).
L'exécution du budget est avant tout l'affaire de l'ordonnateur qui doit, autant que possible, respecter les engagements pris lors du débat d'orientations budgétaires et du budget primitif. À ce stade, le contrôle de l'exécution du budget est limité à un contrôle de régularité des opérations.
Enfin, à la clôture des comptes, le contrôle est conjoint à l'ordonnateur et au comptable qui doivent présenter un compte administratif et un compte de gestion conformes. Le contrôle

de la gestion par la chambre régionale des comptes intervient postérieurement à l'exécution de plusieurs budgets à intervalles réguliers.

125. Quel est le rôle des chambres régionales des comptes et du préfet ?

Le préfet et les chambres régionales des comptes n'exercent pas de tutelle *a priori* sur les actes des collectivités, et encore moins sur leurs choix. Néanmoins, leur contrôle crée une sorte d'écosystème en contrepartie des libertés conférées par la décentralisation.
Côté préfectoral, le contrôle de légalité est l'un des moyens permettant de faire respecter les règles du jeu de la décentralisation par les collectivités territoriales. Le budget est transféré au préfet, ce qui lui ouvre une faculté de déférer les budgets des collectivités pour des motifs d'irrégularité de procédures (budget non voté à temps), d'absence d'intérêt local des dépenses, d'irrégularité du taux d'imposition (au-dessus des plafonds) ou de déséquilibre. Le code général des collectivités territoriales précise qu'il défère au tribunal administratif les actes qu'il estime illégaux dans les deux mois suivant leur transmission à ses services. Parmi ces actes figurent les délibérations des conseils municipaux, départementaux et régionaux, et donc les budgets des collectivités dans le cadre du contrôle budgétaire.
Conformément au code des juridictions financières, les chambres régionales des comptes exercent, à titre principal, une triple compétence sur les collectivités territoriales et leurs établissements publics :

- le jugement des comptes des comptables publics (vérification que les dépenses engagées soient bien justifiées par des pièces, etc.) ;
- le contrôle des comptes et de la gestion (toutes les trois à quatre années, les principales collectivités sont visitées par les chambres régionales et territoriales des comptes [CRTC] qui les auditent et jugent de leur gestion, émettent des recommandations ou des obligations de faire…) ;
- le contrôle des actes budgétaires (vérification de l'équilibre, de la sincérité, dépense obligatoire non prévue, etc.).

126. Qu'est-ce que l'ODEDEL ?

L'objectif d'évolution de la dépense locale (ODEDEL) est un outil d'analyse et de prévision de la dépense locale. Introduit par l'article 11 de la loi de programmation des finances publiques (LPFP) pour la période 2014-2019, il dispose que « *les collectivités territoriales contribuent à l'effort de redressement des finances publiques, selon des modalités à l'élaboration desquelles elles sont associées. Il est institué un objectif d'évolution de la dépense publique locale, exprimé en pourcentage d'évolution annuelle et à périmètre constant* ». Autrement dit, les collectivités territoriales doivent contribuer à l'effort de réduction de l'endettement public. Cette trajectoire est différenciée par niveau de collectivités.

En termes pratiques, l'ODEDEL est déterminé après consultation du comité des finances locales (CFL) et fait ensuite l'objet d'un suivi en lien avec ce comité.

Évolution de la dépense publique locale (source LPFP 2017-2022)

	2017	2018	2019	2020	2021	2022
Prévu	+ 0,7 %	+ 0,3 %	+ 0,7 %	- 0,3 %	- 1,6 %	- 0,6 %
Observé	+ 0,1 %	+ 0,1 %	+ 0,1 %			

Source : programme de stabilité 2019

4 Finances de la protection sociale

1. Questions

127. Comment est née l'idée de la « Sécu » et de couverture des « grands risques » ?

128. Quelles sont les branches de la Sécurité sociale ?

129. Quelles sont les caisses nationales de Sécurité sociale ?

130. Quelles sont les règles de gouvernance des caisses de Sécurité sociale ?

131. Quelles sont les recettes de la protection sociale ?

132. Quelle différence entre la CSG et une cotisation ?

133. Qu'est-ce qu'un minima social ?

134. Combien de personnes touchent les minima sociaux en France ?

135. Comment la dépendance est-elle financée ?

136. À quoi servent les sommes issues de la journée de solidarité ?

137. Qu'est-ce que la protection sociale obligatoire et complémentaire ?

138. Quel est le contenu de la LFSS ? Quelle est sa portée ?

2. Réponses

127. Comment est née l'idée de la « Sécu » et de couverture des « grands risques » ?

Avec la révolution industrielle, l'émergence des sociétés de secours mutuel, le développement du syndicalisme ou de courants tels que l'anarcho-syndicalisme ou le saint simonisme, l'action sociale est le fruit d'initiatives qui posent dès le XIXe siècle certains fondements de la future « Sécu ». C'est après la Seconde Guerre mondiale, et les souffrances partagées par les classes sociales mélangées durant cette période, que l'idée de socialiser (et donc de financer collectivement) les risques individuels prend corps.
La création de la Sécurité sociale par « les pères fondateurs » avec l'ordonnance du 4 octobre 1945 et la loi du 22 mai 1946 posent les bases de la Sécurité sociale dont le principe était inscrit dans le programme du Conseil national de la résistance (CNR), avec la couverture des « quatre grands risques » gérés par les « partenaires sociaux » :

- la maladie, maternité et invalidité ;
- la retraite, le décès et veuvage ;
- les charges de famille ;
- les accidents du travail.

L'idéal du régime unique est battu en brèche, de nombreux régimes spéciaux cohabitent dont les indépendants (absorbés par le régime général en 2018) et les agriculteurs. Par la réforme de 1967, quatre grandes « caisses » nationales organisent le financement des prestations versées dans les branches respectives.

128. Quelles sont les branches de la Sécurité sociale ?

La Sécurité sociale est composée de cinq branches qui pèsent différemment dans le budget global :

- la branche maladie, qui recouvre les risques maladie, maternité, invalidité et décès (50 % des dépenses sociales) ;
- la branche accidents du travail/maladies professionnelles (3 %) ;
- la branche famille (12 %) ;
- la branche retraite et vieillesse (30 %) ;
- et la branche cotisations/recouvrement.

En revanche, ne figure pas au titre des risques socialisés la branche dépendance, même si le retour des comptes sociaux à l'équilibre pourrait faire ressurgir le sujet.

129. Quelles sont les caisses nationales de Sécurité sociale ?

Pour gérer les branches de la Sécurité sociale, plusieurs caisses nationales existent :

- la Caisse nationale des allocations familiales (CNAF) forme la branche famille de la Sécurité sociale française, qu'elle gère à travers le réseau formé par les 102 caisses d'allocations familiales réparties sur tout le territoire ;
- la Caisse nationale de l'assurance maladie (CNAM) gère, au niveau national, les branches maladie (risques maladie, maternité, invalidité, décès) et accidents du travail/maladies professionnelles (AT/MP) du régime général de la Sécurité sociale et pilote les organismes chargés de la mettre en œuvre ;
- la Caisse nationale d'assurance vieillesse (CNAV) est un organisme qui gère la retraite des salariés, hors du secteur agricole et des fonctions publiques, ce qui représente environ 17,5 millions d'actifs et 14 millions de retraités.

130. Quelles sont les règles de gouvernance des caisses de Sécurité sociale ?

Le pilotage des régimes obligatoires relève d'une multiplicité d'acteurs. L'État a pris une place croissante au détriment des représentants des salariés, en revenant sur l'idée de gestion paritaire de 1945, avec des partenaires sociaux responsables des équilibres. Devant la difficulté d'assurer ses équilibres de gestion, l'État est revenu dans la gestion de

la « Sécu » par une suite de plans de sauvetage et des LFSS (lois de financement de la Sécurité sociale) depuis 1996.
La cotisation est une sorte de salaire différé (on se souviendra que les actifs cotisent pour les inactifs dans la logique de solidarité entre générations), la gestion du système avait donc été confiée (de manière discontinue) aux partenaires sociaux, rétablie en 1996, avec des personnalités qualifiées désignées par l'État avec voix délibérative.

131. Quelles sont les recettes de la protection sociale ?

À l'origine, les revenus d'activité finançaient la protection sociale avec un effet sur le coût du travail et une incidence de la conjoncture économique sur les équilibres.
Depuis les années 1990, les ressources se sont diversifiées : la cotisation (d'inspiration bismarckienne) demeure la principale recette des régimes sociaux mais les recettes fiscales (exemple principal : la CSG avec une assiette large) ainsi que les différentes taxes (tabac et alcool), des compensations entre régimes, des compensations de suppression de cotisations sociales par l'État, des subventions d'équilibre au titre de la solidarité nationale modifient le financement de l'assurance sociale. Elle s'est ainsi progressivement transformée en système d'inspiration beveridgienne où les prestations sont versées sans considération de la contribution au système, avec une fiscalisation progressive des ressources (le terme « nationalisation » est également évoqué).

132. Quelle différence entre la CSG et une cotisation ?

La cotisation sociale s'inspire d'une logique bismarckienne fondant l'accès au système de protection sociale sur des cotisations versées par ceux qui travaillent.
La contribution sociale généralisée (CSG) est un impôt créé par la loi de finances de 1991. Il est destiné à participer au financement de la protection sociale. Il élargit l'assiette de son financement et est d'un rendement (100 milliards d'euros environ) plus important que l'impôt sur le revenu (75 milliards).

133. Qu'est-ce qu'un minima social ?

Un minima social est un revenu versé aux personnes en précarité pour leur assurer un niveau de vie minimum. Ces prestations sociales sont dites « non contributives », c'est-à-dire que leur versement n'est pas conditionné au fait d'avoir cotisé. Elles sont soumises à des conditions de ressources : pour la plupart, elles ne sont versées que si le ménage n'a quasiment aucune autre ressource.

134. Combien de personnes touchent les minima sociaux en France ?

Aujourd'hui, plus de 4,2 millions de personnes sont bénéficiaires d'un minima social en France. Avec les conjoints et les enfants à charge, plus de 7 millions de personnes

dépendent des minima sociaux, soit 11 % de la population ; part qui peut monter jusqu'à un tiers dans les collectivités d'outre-mer. L'ensemble de ces prestations représente une dépense de près de 30 milliards d'euros par an.
Le premier minima social est le RSA avec plus de 1,8 million d'allocataires, le deuxième l'AAH avec 1,1 million d'allocataires.

135. Comment la dépendance est-elle financée ?

La prise en charge de la dépendance, et notamment du grand âge, par la solidarité nationale est une problématique qui a émergé au début des années 2000. La prise de conscience collective sur la nécessité de faire évoluer les dispositifs a été exacerbée en 2003, année marquée par un épisode caniculaire au mois d'août qui a été le facteur du décès d'environ 15 000 personnes, dont de nombreuses personnes âgées. Cet épisode a mis en lumière l'isolement à domicile de nombreuses personnes dépendantes, le manque d'accompagnement et de veille, ainsi que le manque de moyens pour assurer un accueil décent dans certains établissements pour personnes âgées et handicapées.
Les travaux lancés au niveau national après la canicule de 2003 ont abouti à la mise en place dès 2004 d'une Journée de solidarité, journée de travail non rémunérée pour les salariés des secteurs public et privé, destinée au financement d'actions en faveur de l'autonomie des personnes âgées ou handicapées. Initialement fixée au lundi de Pentecôte, la journée de solidarité est désormais appliquée selon les modalités choisies par chaque employeur. Elle rapporte aujourd'hui près de 2,5 milliards d'euros par an.
Enfin, depuis 2013, les retraités assujettis à l'impôt participent au financement de la Caisse nationale de solidarité pour l'autonomie (CNSA) à travers la contribution additionnelle de solidarité pour l'autonomie (CASA). La CASA est prélevée au taux de 0,30 % sur certains revenus bruts (retraites, pensions invalidité...).

136. À quoi servent les sommes issues de la Journée de solidarité ?

Les quelque 3,2 milliards d'euros issus de la Journée de solidarité et de la contribution payée par les retraités sont gérés par la Caisse nationale de solidarité pour l'autonomie (CNSA), créée en même temps que la Journée de solidarité, en 2004. Ces sommes financent plusieurs actions et dispositifs permettant de prendre en charge la perte d'autonomie des personnes âgées et handicapées :

- contribution au financement de l'allocation personnalisée d'autonomie (APA) pour les personnes âgées et de la prestation de compensation du handicap (PCH) pour les personnes handicapées ;
- contribution au financement des maisons départementales des personnes handicapées (MDPH) ;
- contribution au financement des établissements médico-sociaux (EHPAD, établissements pour personnes handicapées) ;

- contribution au financement d'actions de prévention de la dépendance des seniors dans le cadre des « conférences des financeurs de la prévention de la perte d'autonomie », qui sont pilotées par les conseils départementaux ;
- soutien à la modernisation des services d'aide à domicile.

137. Qu'est-ce que la protection sociale obligatoire et complémentaire ?

La Sécurité sociale fournit la couverture de base des risques :

- maladie ;
- maternité ;
- invalidité/décès ;
- accidents du travail, maladies professionnelles ;
- vieillesse ;
- famille.

Elle est composée de différents régimes (généraux, spéciaux, agricoles, non-salariés non agricoles).

Les régimes dits complémentaires peuvent fournir une couverture supplémentaire aux risques pris en charge par la Sécurité sociale. Certains sont obligatoires (régimes complémentaires de retraite des salariés du secteur privé) et d'autres facultatifs (mutuelles de santé, sociétés d'assurance, institutions de prévoyance).

138. Quel est le contenu de la LFSS ? Quelle est sa portée ?

La Sécurité sociale comprend l'ensemble des mécanismes de prévoyance collective permettant aux personnes de faire face aux risques sociaux tels que la maladie, l'invalidité, le chômage, la maternité, les charges de famille ou la vieillesse. Elle se divise en quatre branches.

La loi de financement de la Sécurité sociale (LFSS) est une loi spécifique votée chaque année par le Parlement suite à la réforme constitutionnelle du 22 février 1996.

Aux termes de l'article 34 de la Constitution du 4 octobre 1958 : « *Les lois de financement de la Sécurité sociale déterminent les conditions générales de son équilibre financier et, compte tenu de leurs prévisions de recettes, fixent ses objectifs de dépenses, dans les conditions et sous les réserves prévues par une loi organique.* »

La LFSS fixe l'objectif national des dépenses d'assurance maladie dans un but de maîtrise (proche de celui de la loi de finances) et de logique de résultat.

Le champ des LFSS est plus restreint que celui des administrations de Sécurité sociale (ASSO) : il n'intègre pas les régimes complémentaires obligatoires, le régime de l'assurance chômage ni les comptes des hôpitaux.

En outre, la fixation d'objectifs de dépenses se heurte à la tendance au vieillissement de la population qui les pousse à la hausse.

5 Finances de l'Union européenne

1. Questions

139. Quel est le rôle de la Commission européenne en matière financière ?
140. Quel est le rôle du Parlement européen en matière financière ?
141. Qu'est-ce que le Fonds européen de stabilité financière ?
142. Quel est le rôle de la Banque centrale européenne ?
143. Comment se construit le budget européen ?
144. Quelles sont les recettes du budget européen ?
145. Quelles sont les principales politiques publiques menées au niveau européen ?
146. Qu'est-ce que le FEDER ?
147. Qu'est-ce que le FSE ?
148. Qu'est-ce que le FEOGA ?

2. Réponses

139. Quel est le rôle de la Commission européenne en matière financière ?

La Commission européenne agit dans l'intérêt général de l'Union.

- Elle assure la représentation extérieure de l'Union à l'exception de la PESC (politique étrangère et de sécurité commune) et les relations avec les organisations internationales.
- Elle dispose d'un pouvoir d'initiative législative même si la plupart des actes législatifs du Conseil de l'Union (Conseil des ministres) exigent au préalable une proposition émanant de la commission.
- Elle est gardienne des traités et sanctionne les États membres en cas de non-respect des traités européens.

Elle dispose enfin d'un pouvoir d'exécution des politiques et des actes adoptés par le Conseil : elle exécute le budget, gère les politiques communes et les Fonds européens. Le Conseil contrôle son activité au moyen de plus de 200 comités.

LE CHANGEMENT DE PARADIGME DE LA COMMISSION EUROPÉENNE

Le 27 mai 2020, la présidente de la Commission a présenté son projet pour l'avenir des finances de l'Union européenne. Il est proche des propositions franco-allemandes et propose des transferts généreux à l'égard des pays du Sud sous forme de dons. C'est un choix politique fort, fondé sur une conception « géopolitique » et plus interventionniste de l'Europe pour sécuriser « les chaînes de valeur » après la crise du coronavirus (ou Covid-19). Une part importante des financements serait conditionnée à une validation collective des 27, obligeant ainsi les États membres à s'inscrire dans le cadre des recommandations de leurs pairs.

140. Quel est le rôle du Parlement européen en matière financière ?

Le Parlement européen est l'institution qui représente les citoyens des États membres de l'UE. Il participe à l'activité législative, il peut contrôler l'exécutif (en censurant la Commission européenne). Il dispose d'un pouvoir budgétaire (fonds structurels) étendu par le traité de Lisbonne. Il établit, avec le Conseil, le budget annuel de l'Union.

LE PARLEMENT EUROPÉEN INTERPELLE, LA COMMISSION DISPOSE

À l'occasion de la session plénière du Parlement européen, les eurodéputés ont approuvé une résolution appelant la Commission européenne à présenter un plan de relance d'un montant de 2 000 milliards d'euros. Celui-ci devra être financé non pas « *au détriment de fonds existants ou futurs* » par l'intermédiaire du cadre financier pluriannuel, mais par des fonds propres à l'UE. « *Les investissements de relance doivent s'ajouter aux programmes financés par le cadre financier pluriannuel (CFP)* » de l'Union européenne. La Commission présente son plan le 27 mai 2020 (lire la question 139).

141. Qu'est-ce que le Fonds européen de stabilité financière ?

Créé en 2010, en pleine crise des dettes souveraines européennes, le FESF est un fonds commun de créances approuvé par l'ensemble des États membres de l'Union européenne, visant à préserver la stabilité financière en Europe en fournissant une assistance financière aux États de la zone euro en difficulté économique. Le FESF a vu ses capacités augmenter avec la possibilité de lever jusqu'à 1 000 milliards d'euros.

Ce mécanisme de solidarité doit permettre à l'Union européenne de ne pas entrer dans une zone de turbulence en cas de difficulté à régler ses dettes. Cependant, elle a pu faire penser à certains détracteurs qu'elle induisait une prime aux plus mauvais élèves de l'Union.

142. Quel est le rôle de la Banque centrale européenne ?

La Banque centrale européenne (BCE) est la banque centrale des dix-neuf pays de l'Union européenne membres de la zone euro. Sa principale mission consiste à maintenir la stabilité des prix dans la zone, à préserver ainsi le pouvoir d'achat de la monnaie unique et à en faire une monnaie d'échange sur la scène internationale. La BCE, par son indépendance à l'égard des États membres, assure ainsi la crédibilité monétaire de la zone.

En complément de cette mission originelle, la BCE s'est vue demander d'avoir une mission d'intervention de plus en plus accrue dans l'économie au moment de la crise des dettes souveraines de 2010. Elle a ainsi procédé à l'injection d'une part importante de liquidité dans l'économie pour redonner de la confiance aux acteurs économiques (*quantitative easing*).

Si la BCE n'intègre pas, à l'image de la FED américaine, un objectif de croissance pour privilégier un objectif de stabilité monétaire et des prix, la crise du coronavirus est venue bousculer ses cadres doctrinaires (lire notamment les questions 79 et 180).

143. Comment se construit le budget européen ?

- La Commission européenne élabore un avant-projet de budget sur la base de l'estimation des besoins de l'Union européenne et des recettes attendues de chaque institution (au plus tard le 1er juillet de l'année précédente).
- Elle présente le projet de budget avant fin avril/début mai.
- Cette proposition est transmise au Parlement européen et au Conseil de l'Union européenne qui réunit les ministres du Budget des 27 (au plus tard le 1er septembre).
- Le Conseil adopte sa position et la transmet au Parlement européen (au plus tard le 1er octobre). Le Parlement peut adopter (sous 42 jours) la proposition ou des amendements qu'il transmet au Conseil et à la Commission. Un comité de conciliation se réunit si besoin mais, en cas d'échec, la procédure redémarre à la première étape.

La gestion du budget et le paiement des dépenses sont assurés par la Commission européenne. Elle est soumise à deux contrôles externes : celui de la Cour des comptes européenne en ce qui concerne la régularité des recettes et des dépenses, celui du Parlement en ce qui concerne le contrôle politique.

144. Quelles sont les recettes du budget européen ?

L'Union européenne ne prélève elle-même aucun impôt.

Ses recettes sont composées essentiellement de ressources propres plafonnées à 1,23 % du revenu national brut (RNB) des États membres de l'Union européenne dont :

- les ressources propres traditionnelles (RPT) : 15,8 % des recettes totales en 2018, il s'agit des droits de douane perçus sur les importations dans l'UE et des taxes sur les importations de produits agricoles couverts par la politique agricole commune ;

- la TVA : 11,9 % en 2018. Il s'agit d'un taux uniforme, pour tous les États membres, à l'assiette harmonisée selon les règles de l'UE ;
- la ressource RNB : 71,1 % en 2018 ; il s'agit d'une contribution de chaque État membre, calculée en fonction de sa part dans le revenu national brut européen et d'éventuelles corrections.

145. Quelles sont les principales politiques publiques menées au niveau européen ?

Les États membres reçoivent 94 % de leurs contributions (6 % de frais de fonctionnement). La France est le premier bénéficiaire des dépenses européennes (14,5 milliards d'euros en 2015), et notamment de celles relatives à la politique agricole commune.
L'essentiel des dépenses européennes (plus de 70 %) est d'ailleurs consacré à la politique agricole commune (PAC) et à la politique de cohésion, dont l'objectif est de réduire les inégalités régionales et sociales au sein de l'Union européenne. Le reste est dédié au financement de la recherche et de l'innovation, au soutien aux transports, à l'aide au développement, à l'éducation et à la culture avec notamment le programme Erasmus, à l'économie ou encore à la politique migratoire dont les crédits sont en forte croissance.

PROPORTIONNALITÉ ET SUBSIDIARITÉ

L'Union européenne est mue par un certain nombre de principes qui encadrent la portée des politiques publiques européennes. La subsidiarité et la proportionnalité offrent ainsi une garantie des droits individuels et des libertés fondamentales. En ce sens, le principe de subsidiarité permet de définir l'échelon le mieux adapté à la mise en œuvre des politiques publiques, tandis que le principe de proportionnalité définit quelle intensité l'action publique doit revêtir. Ces principes sont des garde-fous pour les États membres, car la subsidiarité dicte de ne pas empiéter sur les compétences nationales tandis que la proportionnalité commande de ne pas prendre de décisions très contraignantes et trop strictement encadrées.
La directive apparaît ainsi comme une bonne traduction des normes qu'impose l'Union à ses membres.

146. Qu'est-ce que le FEDER ?

Le Fonds européen de développement régional ou FEDER est l'un des fonds structurels européens. Il vise à renforcer la cohésion économique et sociale au sein de l'Union européenne en corrigeant les déséquilibres régionaux. Créé en 1975, le Fonds européen de développement régional est un des instruments financiers de l'Union européenne. Sa mission principale est de participer au financement des programmes de développement local présentés par les États membres à la Commission européenne.

Le budget consacré au FEDER dans l'Hexagone pour la période 2014-2020 est de 9,5 milliards d'euros. Il complète le Fonds social européen (FSE) qui intervient sur les problématiques de ressources humaines, l'employabilité et l'inclusion.
Avec le Fonds de cohésion, le FEDER et le FSE représentent d'ailleurs le premier budget de l'UE (351,8 milliards d'euros pour la période 2014-2020).

147. Qu'est-ce que le FSE ?

Les financements du Fonds social européen se focalisent sur l'égalité entre femmes et hommes, la formation professionnelle, la mobilité des demandeurs d'emploi, l'accès à l'emploi des jeunes, ou encore la lutte contre les discriminations et la pauvreté. Un certain nombre d'objectifs et de principes sont communs au FEDER et au FSE. C'est le cas de la compétitivité des PME, de la création et la pérennisation d'emplois durables et de qualité, ou encore de la construction d'une économie moderne avec les transitions numérique et écologique.
Avec le Fonds de cohésion, le FEDER et le FSE représentent d'ailleurs le premier budget de l'UE (351,8 milliards d'euros pour la période 2014-2020).

148. Qu'est-ce que le FEOGA ?

Le Fonds européen d'orientation et de garantie agricole, FEOGA en abrégé, est le principal instrument de la politique agricole commune (PAC) pour financer l'agriculture et le développement rural en Europe.
Le FEOGA est scindé en deux catégories.

- la section « Garantie » représente la part la plus importante du budget. Son objectif est de soutenir les marchés agricoles et de réguler les prix des produits, à travers la réduction des coûts de production, la valorisation de l'économie locale, la formation de jeunes agriculteurs et des aides à la préretraite ;
- la partie « Orientation » finance les mesures structurelles de la PAC, c'est-à-dire qu'elle participe au développement des territoires ruraux à travers la modernisation des exploitations, la mise en valeur des forêts et des ressources aquatiques, etc.

PARTIE III

Finances publiques et société

52 questions

1 Démocratie et prospective

1. Questions

149. Pourquoi adoptons-nous des normes comptables ?

150. Le Parlement joue-t-il son rôle de contrôle des finances publiques ?

151. Pourquoi évalue-t-on les politiques publiques ?

152. Que peut permettre l'introduction de l'intelligence artificielle en finances publiques ?

153. Pourquoi adopter une loi de programmation pluriannuelle des finances publiques ?

154. Quelle est l'évolution du financement de la protection sociale et quelles en sont les limites ?

2. Réponses

149. Pourquoi adoptons-nous des normes comptables ?

Les normes comptables sont des règles de comptabilité qui visent à l'amélioration des méthodes de tenue comptable et à la meilleure compréhension des comptabilités et de leur contrôle. D'un point de vue national, la normalisation comptable permet de procéder à des agrégations à des fins de comptabilisation publique.

Les nomenclatures pour classer les dépenses et les recettes dans les budgets sont les suivantes.

On peut procéder à un reclassement par fonction du budget, c'est-à-dire par rattachement « politique » des crédits (culture, sport, économie, etc.) ou en tenant compte du niveau des collectivités. Ainsi, on retiendra que les dépenses du bloc communal (communes et intercommunalités) ont davantage trait aux compétences dites de proximité : voirie et espaces publics, éducation, sport et culture, état civil, etc.

Le budget peut être également classé « par nature » des dépenses et des recettes, c'est-à-dire en tenant compte de leur destination comptable : charge de personnel, charge de la dette, subvention, fiscalité...

Dans les collectivités, les budgets sont présentés selon une dominante mais toujours avec une double présentation : par « fonction » politique ou par « nature » comptable.

150. Le Parlement joue-t-il son rôle de contrôle des finances publiques ?

Sous la Ve République, le Parlement a été rationalisé dans ses compétences. En matière financière, cela s'est traduit par l'adoption de l'ordonnance du 2 janvier 1959 qui est venue limiter les compétences du Parlement en matière d'adoption des lois de finances (article 40 de la Constitution). À compter du début des années 2000, il a été décidé de réhabiliter le rôle du Parlement en raison du déséquilibre des pouvoirs. En matière budgétaire, la loi organique relative aux lois de finances du 1er août 2001 a modifié la présentation du budget sous forme de missions et de programmes de manière à rendre compte du poids de chaque politique publique.

En revanche, un premier bilan de la LOLF (Loi organique relative aux lois de finances) montre que si la réhabilitation du Parlement en matière d'adoption des lois de finances a contribué à modifier le cadre des débats budgétaires, le Parlement s'est insuffisamment approprié les lois de règlement constatant la reddition des comptes. Il mériterait à cet égard de demander davantage compte au gouvernement sur l'effectivité des prévisions de croissance qui ont conduit ces dernières années à l'aggravation des comptes publics.

151. Pourquoi évalue-t-on les politiques publiques ?

L'évaluation des politiques publiques consiste à comprendre leur fonctionnement et leurs effets, à rapprocher ces effets des objectifs et à trouver des voies d'amélioration. L'évaluation vise d'abord à fournir aux pouvoirs publics des outils pour rendre leur action plus efficace.

Entamée au début du XXe siècle principalement aux États-Unis, la pratique de l'évaluation se développe après la Seconde Guerre mondiale aux autres pays anglo-saxons et à l'Europe du Nord. Ce sont ces pays qui sont aujourd'hui le plus en pointe. En France, ce mouvement est plus tardif, il s'amorce dans les années 1980 et fait appel à différents acteurs tels que le Parlement, la Cour des comptes, France Stratégie (ex-Commissariat au plan).

152. Que peut permettre l'introduction de l'intelligence artificielle en finances publiques ?

Depuis 2018, le gouvernement cherche à introduire l'intelligence artificielle dans la gestion des services publics. Le ministère de l'Économie vient lui-même de se doter d'un outil prédictif pour définir les zones à risques pour les dérapages des dépenses publiques. Par ailleurs, l'intelligence artificielle pourra également être un outil au service de la fiscalité en repérant notamment les entreprises en difficulté ou les fraudeurs à travers les réseaux sociaux.

Cependant, le Conseil constitutionnel, dans la décision 2018-765 DC du 12 juin 2018 relative à la loi relative à la protection des données personnelles, a offert un garde-fou important à la mise en œuvre de l'intelligence artificielle : « *Le responsable du traitement doit s'assurer de la maîtrise du traitement algorithmique et de ses évolutions afin de pouvoir expliquer, en détail et sous une forme intelligible, à la personne concernée la manière dont le traitement a été mis en œuvre à son égard. Il en résulte que ne peuvent être utilisés, comme fondement exclusif d'une décision administrative individuelle, des algorithmes susceptibles de réviser eux-mêmes les règles qu'ils appliquent, sans le contrôle et la validation du responsable du traitement. »*

153. Pourquoi adopter une loi de programmation pluriannuelle des finances publiques ?

Il existe une loi de financement des comptes publics de l'État qui établit une trajectoire des finances publiques. Cette loi sert de cadre juridique aux finances des administrations centrales et déconcentrées, des administrations de Sécurité sociale et des administrations publiques locales. Cette évolution faisait suite à une recommandation de la Cour des comptes qui traduisait elle-même la définition de l'endettement public au sens de l'Union européenne.

Il existe donc bien actuellement des objectifs d'évolution des dépenses de l'État, sociales et locales qui fixent l'évolution des dépenses en vue de réduire l'endettement public. Les finances des collectivités territoriales, comme de la Sécurité sociale, sont donc désormais inscrites dans la loi de programmation des finances publiques de manière à piloter les dépenses des administrations publiques dans leur ensemble.

154. Quelle est l'évolution du financement de la protection sociale et quelles en sont les limites ?

Depuis 1993 et les premières décisions importantes d'allégements de charges (50 milliards en 2019, compensés selon l'article L. 131-7 du CSS) auxquels s'ajoutent des allégements ciblés (en partie compensés pour la Sécu comme sur les contrats aidés), les financements se sont sédimentés dans une tendance à la montée en puissance de la fiscalité affectée au détriment des cotisations.

Alors que les cotisations représentaient 91 % des recettes de la Sécurité sociale en 1990, elles ne représentaient plus que 56 % de ses ressources et celles du Fonds solidarité vieillesse en 2016.

Se sont ajoutées d'autres contributions : des transferts de l'État sous la forme de subventions d'équilibre au bénéfice de certains régimes spéciaux.

L'État a ainsi décidé d'exonérations dont le coût pèse sur les comptes de la protection sociale : cela pose un problème de sincérité budgétaire pour son budget.

Des taxes se sont historiquement empilées, ce qui rend peu lisible l'économie générale de la protection sociale : taxes sur les véhicules de société, taxes sur les farines, prélèvements sur les jeux, taxes sur les huiles, sur les contrats d'assurance-vie, etc.

2 Rôle conjoncturel des finances publiques

1. Questions

155. Quelle est l'efficacité des politiques conjoncturelles ?

156. Quels bilans des politiques de l'offre ou de la demande ?

157. Quelle influence européenne sur les objectifs budgétaires ?

2. Réponses

155. Quelle est l'efficacité des politiques conjoncturelles ?

Les politiques dites conjoncturelles (ou de court terme) s'opposent aux politiques dites structurelles qui ont un horizon de long terme. Elles se veulent avant tout contracycliques (dans le sens inverse de la conjoncture) ou procycliques (dans le sens de la conjoncture favorable pour l'amplifier). C'est-à-dire qu'elles peuvent être menées soit pour soutenir l'activité (baisser les impôts pour augmenter les revenus et la consommation), soit, au contraire, pour freiner l'activité (une politique d'austérité en cas d'inflation par exemple).

Les politiques de *stop and go* ont été utilisées dans l'ensemble des pays développés à économie de marché et jusqu'en 1980. Elles furent ensuite relativisées avec l'émergence des idées du courant néolibéral ou antikeynesien et la mise en avant des théoriciens de l'offre qui critiquent les effets de la relance à long terme. Selon eux, la hausse des salaires n'entraînera pas la hausse du pouvoir d'achat car les entreprises seront moins compétitives. Ils privilégient les politiques de condition de l'offre, de restauration de la compétitivité et de diminution fiscale (courbe de Laffer : lorsque les prélèvements obligatoires sont déjà élevés, une augmentation de l'impôt conduirait alors à une baisse des recettes de l'État, parce que les agents économiques surtaxés seraient incités à moins travailler).

Un des grands critiques des politiques dites conjoncturelles ou du *stop and go* (politique visant à maîtriser les cycles économiques) est le prix Nobel d'économie Milton Friedman. Libéral convaincu, il pointe dans un essai en 1953 (*Essays in Positive Economics*) l'inertie de ces politiques, lestées par les délais de réaction et de mise en œuvre.

En France, les politiques de relance ont été tentées sous le gouvernement Chirac en 1975 (par les investissements) et par le gouvernement Mauroy en 1981-1982 en agissant sur la hausse des revenus et la consommation. Ces politiques de relance sont critiquées dans le cadre d'une économie ouverte : la relance peut augmenter la dépendance extérieure d'un pays (les importations). Les années 1980 ont plutôt été celles des années de l'offre avec des politiques d'austérité s'en inspirant, conduites en Europe et aux États-Unis.

LE TOURNANT DE LA RELANCE AMÉRICAINE

Le plan de relance américain est destiné à stimuler l'activité économique. Il a été adopté par le Congrès en mars 2021 et constitue la troisième vague des réponses budgétaires apportées par les gouvernements américains et une priorité renouvelée pour l'administration Biden. Le nouveau président des États-Unis prolonge les mesures de l'administration Trump dans des proportions inédites depuis la fin de la Seconde Guerre mondiale. Face à la crise économique provoquée par la pandémie de la Covid-19, ce plan de relance représente un total de 1 900 milliards de dollars, soit près de 9 % du PIB. Entre autres mesures, toute personne touchant moins de 75 000 dollars par an recevra, sans autre condition qu'un plafond fixé à 150 000 dollars, un chèque de 1 400 dollars. Un crédit d'impôt pour favoriser les gardes d'enfants a également été décidé.

156. Quels bilans des politiques de l'offre ou de la demande ?

Les années 1970 et 1980 ont vu les politiques d'austérité gagner du terrain sous l'influence des théoriciens de l'offre visant à la compétitivité, avec des résultats sur le front de l'inflation mais des hausses de chômage dans un premier temps et des inégalités (courbe de Philipps : plus il y a de chômage, moins les salaires augmentent, au bénéfice de l'inflation qui diminue).

Dès 1979, les politiques libérales sont de retour en Grande-Bretagne et aux États-Unis, le président de la FED (Banque centrale américaine) décide de mettre en place une politique monétariste, il compte lutter contre l'inflation. Cette période est appelée la « grande expérience monétariste ». Reagan poursuivra cette politique monétariste tout en soutenant une politique de l'offre sur le long terme (ce qui se distingue des politiques conjoncturelles ou du court terme dites aussi *stop and go*).

Si les politiques conjoncturelles ont fonctionné dans les années d'après-guerre, pendant les Trente Glorieuses en France avec une situation de quasi-plein-emploi, c'est sous l'impulsion de relances de l'investissement (Chirac, 1975) ou de la consommation (Mauroy, 1981) qu'elles laissent leur trace la plus récente.

Critiquées par les monétaristes et théoriciens de l'offre pour leurs effets court-termistes ou pour les incidences négatives qu'elles peuvent entraîner sur l'inflation, les politiques de la demande ou de la relance trouvent une nouvelle ère dès les années 1990 sur différents continents : relance ciblée du président Clinton au milieu des années 1990, relance au Japon (1992-1993) ou même en Europe avec l'initiative d'Édimbourg en 1992 de relance par l'investissement.

VERS UN NOUVEAU « MOMENT KEYNÉSIEN » ?

À l'occasion de la crise mondiale sanitaire de 2020, l'économiste Esther Duflo, prix Nobel d'économie 2019, a appelé à ouvrir grand les vannes de la dépense publique et a plaidé en faveur d'un système d'imposition « *extrêmement progressif* », c'est-à-dire devenant plus lourd au fur et à mesure que les revenus s'élèvent, afin de financer les systèmes de santé et de soutenir les ménages modestes. « *Quand on a une grosse crise de demande comme aujourd'hui, il faut injecter des ressources dans l'économie* », ce qui suppose pour les gouvernements qui le peuvent « *d'emprunter massivement et de stimuler l'économie autant que possible* ».

157. Quelle influence européenne sur les objectifs budgétaires ?

L'influence de l'Union européenne sur les orientations budgétaires des États membres, et particulièrement des États ayant adopté la monnaie unique, est déterminante. Elle a permis de faire évoluer les outils de maîtrise des budgets nationaux en consolidant la situation des finances publiques dans leur ensemble. En introduisant un objectif de moyen terme pour commander aux États de respecter les engagements communautaires (dette publique inférieure à 60 % du PIB, déficits publics inférieurs à 3 % du PIB), les institutions européennes ont imposé aux États de penser à la dette consolidée des pays : « *La dette publique est définie comme le total de la dette brute consolidée en valeur nominale dans les catégories suivantes de passifs des administrations publiques [...]. Le secteur des administrations publiques comprend les sous-secteurs de l'administration centrale, les administrations d'États fédérés, les administrations locales et les administrations de Sécurité sociale.* »
L'article 126 du traité de fonctionnement de l'Union européenne donne désormais droit à la Commission européenne, gardienne de l'application des traités, de demander des explications aux États en matière de déficits excessifs. L'influence de l'Union européenne sur les objectifs de maîtrise de l'endettement public est donc grandissante.

3 Gestion des ressources

1. Questions

158. Pourquoi consentir à l'impôt ?

159. Y a-t-il trop d'impôts en France ?

160. L'assiette fiscale est-elle un frein au principe d'égalité face à l'impôt ?

161. Y a-t-il trop de niches fiscales et sociales ?

162. Quelles modalités de gouvernance de la Sécurité sociale : paritarisme ou nationalisation ?

163. Doit-on réformer la fiscalité locale ?

164. Pourquoi avoir supprimé la taxe professionnelle ?

165. Pourquoi avoir dégrevé la taxe d'habitation aux contribuables locaux ?

2. Réponses

158. Pourquoi consentir à l'impôt ?

La théorie du consentement à l'impôt a été, depuis le Moyen Âge, un obstacle majeur à l'État absolu. Aussi, cette théorie fut érigée au rang de principe à l'article 14 de la DDHC. Les constituants de 1789 ont considéré qu'il s'agissait là d'une règle fondamentale du fonctionnement d'un État démocratique par laquelle le peuple consent à financer des services publics. Il existe un lien fondamental entre la capacité d'un État à prélever l'impôt, et au-delà, les prélèvements obligatoires, et celle à financer les services publics.

Ce consentement à l'impôt est donc à la source du fonctionnement d'une société démocratique où, par la voix des représentants, le peuple consent à payer des contributions obligatoires pour assurer son avenir. Chaque année, le Parlement en a la responsabilité au sens de l'article 34 de la Constitution qui dispose : « *La loi fixe les règles concernant l'assiette, le taux et les modalités de recouvrement des impositions de toutes natures.* »

159. Y a-t-il trop d'impôts en France ?

Le poids des impôts en France représente en partie le choix collectif de socialiser les dépenses individuelles et de mutualiser des risques (santé, vieillesse, chômage…). Le taux des prélèvements obligatoires (46 %) est plus élevé d'environ six points par rapport à la moyenne des pays de l'OCDE mais il est proche du niveau du Danemark, de la Belgique ou de la Finlande. La France se caractérise ainsi par un niveau élevé des cotisations sociales (retraite, santé), qu'on peut considérer comme des revenus différés, c'est-à-dire des revenus que les contribuables toucheront à un autre moment de leur vie. Ce choix en faveur d'une protection sociale publique et des choix sociaux (l'accès quasi gratuit à la santé) explique l'essentiel de l'écart de prélèvement global.

160. L'assiette fiscale est-elle un frein au principe d'égalité face à l'impôt ?

Au sein des prélèvements, le poids de l'IRPP (impôt sur le revenu des personnes physiques) en France est plutôt moins élevé que dans les autres pays comparables. Le rendement de l'impôt (autour de 8 % du PIB) est d'ailleurs un des plus bas d'Europe et se traduit par l'étroitesse de la base de contribuables éligibles à l'impôt.
La question de l'impôt vient en réalité cristalliser une autre réflexion qui est celle de l'utilisation de l'impôt et de l'efficacité de la dépense publique. Plus le sentiment de l'inefficacité de la dépense publique est élevé et plus le niveau de contestation de l'impôt est grand.

161. Y a-t-il trop de niches fiscales et sociales ?

Les niches fiscales désignent les avantages fiscaux dont peuvent bénéficier les contribuables pour diminuer le montant de leur impôt, dès lors qu'ils remplissent certaines conditions définies par la loi. Elles peuvent être la résultante d'une action volontaire, dans le but d'encourager un comportement particulier, ou issues du statut du contribuable lorsque le législateur a prévu d'avantager une catégorie socioprofessionnelle particulière. Elles représenteraient en France un manque à gagner pour les caisses de l'État de près de 100 milliards d'euros. Parmi les plus importantes d'entre elles, il faut mentionner le crédit d'impôt compétitivité emploi (CICE) pour 20 milliards d'euros et le crédit d'impôt recherche pour 6 milliards, qui bénéficient aux entreprises. Du côté des particuliers, on distingue les soutiens aux travaux dans les logements pour 3,5 milliards d'euros ainsi que les aides pour emploi d'un salarié à domicile, ou pour la garde d'enfant, pour 4 milliards. Il existe plus de 450 niches fiscales.
La question, au regard de leur volume global, est avant tout de savoir si elles remplissent leurs objectifs : maintien de l'emploi, attractivité des investissements étrangers, amélioration du logement. L'évaluation des politiques publiques est dès lors rendue nécessaire.

162. Quelles modalités de gouvernance de la Sécurité sociale : paritarisme ou nationalisation ?

Le paritarisme de gestion s'est principalement construit après la Libération, en 1945. La puissance publique a depuis lors fait le choix d'associer les partenaires sociaux à

la gestion de certains risques sociaux : la retraite, le chômage, la maladie, la formation professionnelle.
C'est un système dans lequel les syndicats, représentants des salariés et des employeurs, décident des orientations et assurent la gestion des organismes chargés de ces missions d'intérêt général : l'Unédic pour l'assurance chômage ou l'Agirc-Arrco pour les retraites complémentaires, lesquels sont financés par des cotisations.
La crise du paritarisme est liée :

- au développement de l'intervention de l'État en matière sociale, indépendamment des droits ouverts par les cotisations sociales (RSA, chômeurs en fin de droits ou indemnisation des intermittents par exemple) ;
- à la représentativité des partenaires sociaux (le taux de syndicalisation est inférieur à 8 % en France) ;
- au déficit des régimes qui appellent une solidarité nationale de fait et donc un financement par l'impôt. À l'inverse, l'État les prélève pour financer ses politiques d'aide au logement.

Les partenaires sociaux mettent en avant la culture du dialogue social sous-tendue par la gestion paritaire ; l'État met en avant le manque de lisibilité des objectifs et de transparence, l'absence de règle d'équilibre des régimes ou même sa volonté de reprendre en main les rapports sociaux.

150 MILLIARDS DE FONDS GÉRÉS PAR LES PARTENAIRES SOCIAUX

- 58,6 milliards d'euros pour les retraites complémentaires (Agirc-Arrco).
- 35 milliards d'euros pour l'assurance chômage.
- 13,75 milliards d'euros pour la formation professionnelle.
- 13,1 milliards d'euros pour la prévoyance et 4 milliards pour le logement.

163. Doit-on réformer la fiscalité locale ?

La fiscalité locale est le produit des quatre vieilles taxes introduites durant la Révolution française : la taxe d'habitation, les taxes foncières sur la propriété bâtie et non bâtie, et la taxe professionnelle. Ces taxes ont été qualifiées de bien des noms dépréciatifs : « imbécile », « injuste », etc.
La taxe professionnelle taxait les entreprises qui investissaient, raison pour laquelle elle fut remplacée en 2010 par une série de taxes de moindre rendement (cotisation sur la valeur ajoutée des entreprises, contribution foncière des entreprises, imposition forfaitaire sur les entreprises de réseau), dans le but de faire face aux délocalisations.
La taxe d'habitation est de la même façon appelée à disparaître en raison de son caractère injuste : socialement puisqu'elle ne tenait qu'imparfaitement compte des capacités contributives des citoyens locaux ; territorialement surtout puisque les locaux étaient appréciés en fonction d'une valeur locative cadastrale, loin de la valeur vénale des biens.

Un objectif aurait donc pu être de modifier l'appréciation des bases d'imposition puisque la valeur locative cadastrale est également la source de calcul de la taxe foncière des propriétaires. Cependant, cette réforme a toujours été avortée depuis sa mise en œuvre en 1970 en raison des profonds changements qu'elle introduit pour les ménages.
Il y a donc fort à parier que les taxes foncières sur les ménages et les entreprises feront également l'objet d'une remise en cause dans les prochaines années.

164. Pourquoi avoir supprimé la taxe professionnelle ?

La taxe professionnelle (TP) était due par les personnes physiques ou morales exerçant à titre habituel une activité professionnelle non salariée. L'assiette de la TP était composée de la valeur locative cadastrale des immeubles et des terrains des entreprises ainsi que d'un pourcentage du prix des immobilisations figurant au bilan (équipements et biens mobiliers). Jusqu'en 1999, les salaires participaient en totalité à l'assiette de la TP.
À compter des années 2000, cette taxe a été jugée néfaste à la compétitivité de l'économie française. Elle frappait à la fois le facteur capital et le facteur travail et a donc été réformée par vagues successives, l'État devenant au fil des années le principal contributeur de cette taxe affectée aux collectivités territoriales.
Cette taxe a été remplacée par plusieurs autres que paient aujourd'hui les entreprises : principalement la contribution économique territoriale subdivisée entre la cotisation sur la valeur ajoutée des entreprises et la contribution foncière des entreprises ainsi que l'imposition forfaitaire sur les entreprises de réseau. Les assiettes des nouvelles taxes visent ainsi à préserver les entreprises exposées aux délocalisations.

165. Pourquoi avoir dégrevé la taxe d'habitation aux contribuables locaux ?

La taxe d'habitation est considérée comme un impôt injuste en raison des inégalités sociales et territoriales auxquelles elle a donné lieu depuis plusieurs années. Son obsolescence est en grande partie liée à l'incapacité de réviser sa base d'imposition reposant sur une valeur locative cadastrale définie en fonction de locaux de référence dont les baux étaient en vigueur en 1970. Pourtant, des dispositifs de plafonnement ainsi que des abattements tenant compte de la composition des foyers ont été introduits sans jamais pouvoir correctement modifier les disparités résultant d'une base fiscale obsolète.
L'objectif du candidat Macron était donc de lutter contre cette injustice en décidant de dégrever les huit premiers déciles des foyers fiscaux de manière à redistribuer la richesse, ce qu'un rapport de l'OFCE confirmait. Rapidement, il a pourtant été décidé de dégrever la totalité des contribuables locaux de cet impôt posant des questions quant au financement de la mesure et ouvrant le débat sur l'autonomie fiscale des collectivités territoriales.

4 Dette publique et déficits

1. Questions

166. Qu'est-ce que la crise des finances publiques ?

167. Le contrôle de la dépense peut-il limiter les déficits ?

168. Quel est l'effet de levier de la dette publique ?

169. Qui est « mieux géré » : État ou collectivités ?

170. À l'aune de la crise sanitaire, peut-on parler d'imbrication des budgets locaux et nationaux ?

2. Réponses

166. Qu'est-ce que la crise des finances publiques ?

Il convient de rappeler dans ce type de questions :

- la contestation du rôle de l'État keynésien depuis les années 1980, fondée sur l'effet désincitatif des prélèvements obligatoires (courbe de Laffer), la critique du rôle du multiplicateur en économie ouverte (une relance de la demande stimule moins la production qu'une politique de l'offre et a tendance à accroître les importations), l'effet d'éviction ;
- la problématique de la dette et sa soutenabilité : effet boule de neige des charges financières, risque de taux d'intérêt et de souveraineté (un pays peut avoir les mains liées par ses créanciers), les engagements liés aux règles européennes (solidarité monétaire contre discipline budgétaire : pacte de stabilité) ;
- les notions de déficit : règle d'équilibre des collectivités, déficit primaire hors charges d'intérêt, déficit structurel qui correspond à un solde négatif sans tenir compte de l'impact de la conjoncture sur la situation des finances publiques.

2008 ET 2020 : DEUX GRANDES CRISES AUX ENVIRONNEMENTS DIFFÉRENTS

Ce qui semble un jour impossible devient le jour suivant envisageable. C'est ce que nous enseignent les crises récentes qui ont bouleversé jusqu'aux cadres conceptuels et doctrinaires. Les créanciers des États ne regardent pas seulement le niveau

> d'endettement des pays au moment de grands chocs. En Espagne, au Portugal ou en Grèce, l'importance de l'endettement et la faiblesse de l'épargne privée ont aussi été des jauges prises en compte après la crise de 2008 pour établir des plans de redressement structurel.
> En 2020, l'Italie dispose d'un endettement de 135 % de son PIB, moins important que celui du Japon (240 %) mais ce dernier est détenu massivement par des ménages nippons avec moins de contraintes de souveraineté que pour des créances détenues par l'étranger. En outre, le Japon bénéficie d'une économie jugée plus solide que celle de nos voisins transalpins. Le plan de relance nippon ne semble pas effrayer les investisseurs alors que le « *spread* » sur la dette italienne, l'écart de taux avec ses voisins, semble refléter la prime de risque facturée par ses potentiels créanciers. Pourtant, l'Italie dégage régulièrement un solde primaire positif (c'est-à-dire un excédent de ses dépenses hors intérêts de la dette sur ses recettes) : les marchés portent donc une appréciation sur la robustesse des pays en croisant un faisceau d'indicateurs. Ils ne sont pas intangibles et peuvent varier dans le temps.

167. Le contrôle de la dépense peut-il limiter les déficits ?

Un système d'une finance publique sous contrôle suppose :

- l'autorisation législative préalable ;
- les contrôles comptables (respect de la séquence de l'engagement jusqu'à la livraison, séparation entre l'ordonnateur et le comptable), budgétaires (respect des principes annualité, LFI et LFSS pluriannuelles, etc.) et financiers (en interne des administrations ou par les corps d'inspection indépendants : Cour des comptes, CRC, IGF, etc.) ;

… dont la portée est réduite : la France n'adopte son budget en équilibre qu'une seule fois en 1974 :

- les contrôles législatifs sont accrus depuis la LOLF mais limités. L'exécutif reste à l'initiative du budget ;
- les contrôles sont solides sur les crédits mais insuffisants sur les coûts, les démarches d'évaluation ne sont pas systématiques malgré leur développement.

168. Quel est l'effet de levier de la dette publique ?

On peut replacer cette question dans le débat sur les finances publiques, celui sur la critique actuelle de l'État interventionniste dans le contexte de la crise de la dette.

Néanmoins, le recours à la dette est aussi amortisseur de crise (en France après 2008).

En résumé, la dette finance :

- une frange plus importante du budget de l'État car c'est aussi en ayant recours à elle qu'il joue son rôle contracyclique et d'amortisseur de crise, avec les filets sociaux ;
- et une part moins importante du budget des collectivités car elle est exclue (par la règle d'équilibre entre sections) pour des dépenses courantes ;

- mais cette appréciation doit être relativisée en fonction de la vocation même de l'État, notamment en termes de redistribution, d'allocation (Musgrave) et de soutien à la conjoncture. Il existe des raisons politiques légitimes de faire des déficits ;
- enfin la commande publique, alimentée par le levier de l'endettement, stimule aussi des secteurs économiques comme le BTP.

DETTE ET FINANCES PUBLIQUES : LA RÈGLE DES « TROIS T »

Pourquoi au final, au lendemain de la crise sanitaire du coronavirus, les experts semblent-ils épouser ce qui semblait impossible juste avant ?
C'est la règle des « trois T » pour « *timely* », « *targeted* », « *temporary* » qui semble s'imposer. Elle a été popularisée par l'économiste américain Larry Summers et pousse à des mesures « opportunes », « ciblées » et « temporaires » à l'image des reports de charges exceptionnels décidés en France en faveur des entreprises. L'Italie et l'Espagne, particulièrement touchés par la crise sanitaire, pourraient ainsi connaître des incidences différentes pour leurs finances publiques que lors de la crise de 2008 et ce, pour plusieurs raisons :

- son caractère global est beaucoup plus massif et brutal en 2020 ;
- le différentiel de dette publique est aujourd'hui de 30 points entre les États-Unis et la zone euro, au bénéfice de cette dernière (alors que leur poids était équivalent en 2008) ;
- la faiblesse des taux d'intérêt liée à une politique accommodante de la Banque centrale européenne (BCE) allège le coût des endettements publics.

169. Qui est « mieux géré » : État ou collectivités ?

Il faut faire attention aux réponses binaires dans ce cas et souligner que si l'État a recours à l'emprunt pour financer la totalité de ses investissements et une frange notable de ses dépenses courantes, il n'en est pas de même avec les collectivités qui financent majoritairement leurs investissements sur fonds propres.
Sur environ 40 à 45 milliards d'euros d'investissement annuel ces dernières années, seuls 18 à 20 milliards sont empruntés par les collectivités, ce qui reflète la solidité des fondamentaux financiers du secteur public local.
On relativisera cependant ces appréciations :

- d'une part parce que l'État finance une partie des ressources courantes des collectivités *via* ses dotations et que ces dernières dépendent en partie de ces subventions pour équilibrer leur budget (au sein des recettes des collectivités, il y a des subventions de l'État) ;
- d'autre part parce que l'État agrège dans ses dépenses courantes des dépenses liées à notre protection sociale qui relèvent comptablement de dépenses de fonctionnement, mais ce sont éminemment des dépenses d'avenir comme notre système de retraite,

d'aide aux familles ou de santé (la séparation entre fonctionnement et investissement est comptable mais elle peut apparaître parfois artificielle).

170. À l'aune de la crise sanitaire, peut-on parler d'imbrication des budgets locaux et nationaux ?

Les collectivités locales sont touchées de plein fouet par la crise sanitaire.
D'une part, leurs dépenses locales sont concernées. Certaines seront à la hausse, sur le plan de la solidarité par exemple (port de repas, action sociale…) et d'autres seront constatées à la baisse, telles que les dépenses liées aux évènements sportifs ou culturels, annulés.
D'autre part, leurs recettes sont aussi diminuées. Les recettes du bloc communal sont les moins sensibles à la conjoncture. L'État a en effet annoncé qu'il jouerait son rôle de stabilisateur sur les dotations. Les communes verront néanmoins des effets sur la baisse des versements sur la taxe de séjour et les intercommunalités (EPCI), sur la diminution de la fiscalité versée par les entreprises (CVAE et CFE, lire question 113).
Les recettes des départements devraient souffrir de la conjoncture immobilière, la diminution des transactions liées au confinement aura un impact sur la baisse de leurs droits de mutation à titre onéreux.
Pour les régions dont les produits de la fiscalité sont largement adossés à une base nationale, à la baisse des impôts payés par les entreprises s'ajouteront la diminution des fractions de la TVA et de la taxe sur la consommation d'essence (TICPE – taxe intérieure de consommation sur les produits énergétiques) que ces territoires perçoivent.
Les relations financières entre l'État et les collectivités mettent en lumière l'imbrication de leurs budgets : l'effondrement de l'activité joue tout à la fois sur leurs recettes et leurs dépenses, tout en affectant les capacités de redistribution de chacun d'eux.

5 Économie et compétitivité

1. Questions

171. Les cotisations sociales sont-elles un frein à la compétitivité ?

172. Le crédit d'impôt compétitivité emploi (CICE) a-t-il atteint ses objectifs ?

173. La réduction de l'impôt sur les sociétés est-elle inéluctable ou souhaitable ?

174. Qu'est-ce que le prélèvement forfaitaire unique ?

175. Faut-il réorienter l'épargne des Français ?

176. Quels pourraient être les effets pervers de la relance américaine ?

2. Réponses

171. Les cotisations sociales sont-elles un frein à la compétitivité ?

Le modèle de financement de la protection sociale française conduit le pays à taxer les ménages et les entreprises le plus lourdement dans le monde (environ 17 % du PIB). En échange, le système de protection sociale apparaît comme relativement généreux avec plusieurs risques couverts et une couverture importante.

Les cotisations sociales sont donc apparues comme un frein à la compétitivité internationale des entreprises françaises. En 2012, le gouvernement a décidé d'entreprendre un « choc de compétitivité ». Désormais, les entreprises bénéficient d'un crédit d'impôt compétitivité emploi de 20 milliards, calculé comme 6 % de leur masse salariale entre 1 et 2,5 fois le SMIC, financé pour 10 milliards par une baisse supplémentaire des dépenses publiques, pour 10 milliards par une hausse de la TVA et de la fiscalité écologique. Cela ne représente qu'une baisse de 2,8 % du coût salarial et seul un tiers de la baisse bénéficiera au secteur le plus impacté par la compétition internationale, à savoir l'industrie.

Si la réponse du crédit d'impôt compétitivité emploi (CICE) permet de traiter à moyen terme la question de la compétitivité des entreprises françaises, elle semble encore davantage retarder la question d'une réforme d'ampleur du système de protection sociale reposant sur une question simple : la protection sociale française reste-t-elle finançable à long terme compte tenu du vieillissement de la population ?

172. Le crédit d'impôt compétitivité emploi (CICE) a-t-il atteint ses objectifs ?

L'objectif du CICE était de permettre aux entreprises hexagonales de retrouver leurs marges dans l'objectif d'investir davantage dans l'appareil productif pour rester compétitives, mais aussi de préserver l'emploi en évitant des délocalisations. Dans la démarche désormais classique de suivi et d'évaluation des dispositifs fiscaux, le CICE fait l'objet d'une évaluation. Il ressort du dernier rapport rédigé par France Stratégie que le CICE aurait permis de créer ou de sauvegarder environ 100 000 emplois sur la période 2013-2015, principalement autour des salaires moyens. En revanche, les effets du CICE sur l'investissement des entreprises sont encore incertains, notamment en raison du temps que prendraient les modifications des choix stratégiques des entreprises. Aucune évaluation n'a encore été faite des impacts sur l'attractivité française en matière d'investissements des entreprises étrangères.

Malgré cette évaluation mitigée, le gouvernement d'Édouard Philippe a décidé de prolonger le dispositif en le consolidant : le CICE a en effet été transformé en des baisses de charges permanentes sur les entreprises. Cela permet notamment aux entreprises de mieux anticiper les évolutions fiscales en pérennisant le dispositif. Mais les effets microéconomiques, à l'échelle des entreprises, et principalement de celles soumises à la concurrence internationale, comme macroéconomiques, devront continuer d'être évalués pour en calculer le coût/avantages dans les prochaines années.

À cet effet, dans le scénario central de la Direction générale du Trésor, les effets de la bascule vers le nouveau dispositif seraient positifs sur l'activité et l'emploi à court-moyen terme, avec + 0,2 point de PIB et + 100 000 emplois à horizon 2020-2021.

173. La réduction de l'impôt sur les sociétés est-elle inéluctable ou souhaitable ?

L'impôt sur les sociétés (IS) est prélevé sur les bénéfices réalisés au cours d'un exercice annuel par les entreprises exploitées en France. Il est soumis à un régime de déclarations et de paiements à dates fixes. Il peut être augmenté de la contribution sociale.

Voté en loi des finances, le taux de l'impôt doit être réduit progressivement pour être porté à :

- 31 % pour les seuls bénéfices supérieurs à 500 000 euros en 2019 ;
- puis pour la totalité des bénéfices, quel que soit le montant, à 28 % en 2020 ;
- 26,5 % en 2021 ;
- 25 % en 2022.

Un taux réduit est malgré tout maintenu pour certaines PME en fonction de conditions prévues par la loi. Récemment, une pause a été prévue dans le dispositif concernant les entreprises dégageant de gros bénéfices. Malgré tout, le rythme de baisse générale, portant l'IS à 25 %, est bien prévu pour 2022.

Le coût budgétaire de la mesure de baisse d'impôt sera de l'ordre de 11 milliards d'euros, ce qui supposera soit des baisses de dépenses pour les financer, soit un transfert vers les ménages. C'est la question de l'acceptabilité sociale de la mesure qui paraît plus difficile à appréhender.

CONCURRENCE FISCALE EUROPÉENNE

Cette baisse résulte du constat que l'imposition sur le capital est plus élevée en France qu'au niveau européen : en 2017, elle représentait 17,1 % du PIB en France contre 8,5 % au niveau de l'Union européenne. Parmi cette fiscalité, l'IS apparaît donc comme fragilisé en comparaison des dispositions fiscales européennes. En effet, l'IS est le principal objet de la concurrence fiscale entre les États. Ainsi, les grandes entreprises peuvent délocaliser tout ou partie de leurs activités dans les pays où l'imposition de leurs bénéfices est la plus faible (incitant à l'évasion fiscale) et le taux de l'IS apparaît souvent comme un critère important de communication facile pour les États, quand bien même des dispositifs de crédit d'impôts comme le CICE peuvent exister. Aussi, la baisse de l'IS apparaît inéluctable pour démontrer le poids de la fiscalité sur les entreprises. En définitive, mieux vaut un système fiscal simplifié qui touche toutes les entreprises qu'un dispositif plus juste, mieux ciblé, mais qui présente l'inconvénient de rendre le système complexe pour les entreprises.

174. Qu'est-ce que le prélèvement forfaitaire unique ?

Depuis le 1er janvier 2018, un prélèvement forfaitaire unique (PFU) met en place un système de *flat tax* qui a pour mérite de simplifier le régime fiscal applicable aux revenus du capital : y sont à la fois inclus les prélèvements sociaux et l'impôt sur le revenu. L'objectif est de simplifier et d'alléger la fiscalité de l'épargne.

Le taux global du PFU est de 30 %, incluant 12,8 % au titre de l'impôt sur le revenu et 17,2 % au titre des prélèvements sociaux. Si ce régime de *flat tax* simplifie le régime fiscal applicable, il ne prend pas en compte la tranche d'imposition et le revenu fiscal de référence. Le législateur a donc laissé l'option d'opter pour l'impôt sur le revenu pour un régime d'imposition progressif.

175. Faut-il réorienter l'épargne des Français ?

Le taux d'épargne des Français apparaît au niveau mondial comme élevé. Il est actuellement proche de 15 %. Cependant, l'épargne des Français est surtout orientée vers la sécurité et la liquidité. Ainsi, les épargnants français placent d'abord leurs économies dans l'immobilier et dans des produits tels que le Livret A ou l'assurance-vie en euros investis dans des obligations d'État.

Les épargnants se révèlent donc peu enclins à investir dans des placements plus risqués mais aux meilleurs rendements. Ce manque d'appétence au risque semble résulter d'une fiscalité plus favorable au Livret A ou à l'assurance-vie.
Le gouvernement d'Édouard Philippe a mis en place des mesures pour tenter d'orienter davantage l'épargne des ménages vers l'économie réelle, en cherchant notamment à investir auprès des entreprises. La mesure la plus emblématique reste la transformation de l'impôt sur la fortune en un impôt sur la fortune immobilière.
Cependant, le risque d'un transfert massif de l'épargne des ménages vers les entreprises est qu'en cas de crise économique, les ménages pourraient perdre tout ou partie de leur investissement. Un tel scénario aurait des conséquences sociales, économiques et financières importantes.

176. Quels pourraient être les effets pervers de la relance américaine ?

Certains économistes redoutent que sa stimulation économique (dans les infrastructures et directement en faveur des revenus) soit trop massive et qu'elle provoque une surchauffe de l'économie américaine (liée à un excédent de demandes sur l'offre). En particulier, le taux d'inflation qui mesure la hausse des prix sera observé au cours des mois à venir. En cas d'accélération trop forte de l'inflation, la Réserve fédérale (FED) – la banque centrale américaine – pourrait être amenée à durcir sa politique monétaire au travers, notamment, d'une hausse des taux d'intérêt qui briderait la reprise économique. Autre risque redouté, le déficit de la balance commerciale qui pourrait être accru par le regain de consommation des consommateurs américains en faveur de produits chinois. Enfin, la hausse des taxes pour financer ce plan serait, selon la volonté du nouveau président américain, concentrée sur les plus grosses entreprises et les plus hauts revenus. Il écarte ainsi l'option d'une hausse générale et massive de la fiscalité.

6 Protection sociale et modèle de société

1. Questions

177. Comment maîtriser l'évolution des dépenses sociales ?

178. Les régimes de retraite sont-ils menacés ?

179. Qu'est-ce que la prime d'activité ?

180. Qu'appelle-t-on la crise de l'État providence ?

181. Les prestations familiales sont-elles encore universelles ?

2. Réponses

177. Comment maîtriser l'évolution des dépenses sociales ?

Les dépenses sociales sont fortement impactées par les cycles économiques : en période de crise économique, comme à la fin des années 2000, l'État et les collectivités subissent l'effet ciseau : la crise de certains secteurs d'activité aboutit à une augmentation du chômage, de la précarité, et le coût des prestations sociales augmente tandis que les recettes baissent du fait du ralentissement de l'économie (diminution du nombre d'actifs qui cotisent, diminution du nombre de transactions, etc.).

Par ailleurs, certaines dépenses sociales ont tendance à augmenter indépendamment de la conjoncture économique car les usagers connaissent de mieux en mieux leurs droits et modifient leurs représentations et leur mode de vie : par exemple, les prestations liées au handicap ont connu une augmentation très importante depuis 2005 en raison d'une meilleure détection et reconnaissance du handicap ; les prestations liées à la prise en charge des personnes âgées ont également fortement progressé, indépendamment du vieillissement de la population, en raison de la transformation du modèle de société, qui est passé d'une prise en charge de la personne âgée par sa famille, sans prestations dédiées, à une prise en charge assurée de plus en plus par des professionnels et donnant lieu à des aides financières.

Dans ce contexte, l'augmentation des dépenses sociales peut sembler difficile à endiguer. Trois types d'évolutions des politiques publiques peuvent toutefois contribuer à une maîtrise de ces dépenses :

- les politiques de prévention, destinées à limiter ou retarder le recours aux mesures curatives ou de protection, peuvent être développées dans tous les domaines des politiques sociales ; elles sont quasiment toujours moins coûteuses individuellement. Elles existent de manière historique dans le domaine de l'enfance et de la famille : par exemple, un accompagnement soutenu d'une famille en difficulté à son domicile peut parfois éviter de placer un enfant ;
- le renforcement de l'accompagnement des publics en précarité par l'État et les collectivités dans l'objectif de contenir les dépenses liées aux minima sociaux et à l'assurance chômage : ces actions consistent notamment à favoriser la mobilité, l'accès à la santé, l'accès aux savoirs de base, à lutter contre le surendettement, à inciter les reconversions professionnelles dans les secteurs qui recrutent, de manière à améliorer l'insertion sociale et professionnelle des bénéficiaires et ainsi à limiter le recours aux prestations ;
- le développement de dispositifs innovants ou alternatifs permettant d'apporter une réponse satisfaisante aux usagers à moindre coût : dans certains domaines, l'évolution des pratiques peut permettre de maîtriser, voire de diminuer, les dépenses sociales. Par exemple, en matière de politiques de soutien à l'autonomie, les solutions de prise en charge à domicile ou inclusives sont souvent moins coûteuses individuellement, pour l'État et les collectivités, que la prise en charge en établissements.

178. Les régimes de retraite sont-ils menacés ?

Il convient ici de souligner des données lourdes :

- l'évolution du rapport défavorable actifs / inactifs ;
- la persistance d'un chômage élevé qui pèse sur le montant des cotisations ;
- des régimes spéciaux particulièrement déséquilibrés en raison de leur démographie et dépendants du régime général.

Depuis 1993, un train de réformes fait suite aux rapports du comité d'orientation des retraites (COR) :

- un fonds de réserve est créé par la LFI (loi de finances initiale) de 1999 ;
- la réforme de 2003 a accru la durée d'assurance exigée pour obtenir une retraite à taux plein, ceux qui ont commencé tôt (14 ans) peuvent néanmoins continuer de partir à 60 ans de manière dérogatoire ;
- la loi de 2010 porte progressivement la retraite à taux plein à 67 ans et l'âge légal de la retraite à 62 ans, les régimes spéciaux sont progressivement alignés sur le régime général ;
- des plans d'épargne retraite populaire (PERP) ont favorisé l'épargne salariale mais sous un regard critique (contre le système de répartition).

VERS UN « SYSTÈME À POINTS » POUR LES FUTURS RETRAITÉS ?

La mise en place d'un régime universel par points viendrait remplacer les 42 régimes de retraite actuels, où les pensions sont calculées en fonction du nombre de trimestres cotisés. Dans le futur système universel, chacun accumulerait des points tout au long de sa carrière et « un euro cotisé donnera les mêmes droits à tous ». La règle des 25 meilleures années pour les salariés du privé et des six derniers mois pour les fonctionnaires pour le calcul des pensions serait également revue. Un système de « bonus-malus » compléterait le dispositif autour d'un « âge d'équilibre » tendant à repousser les départs. Ce débat, repoussé en raison de la crise sanitaire, devrait être au cœur de l'élection présidentielle de 2022.

179. Qu'est-ce que la prime d'activité ?

La prime d'activité est une prestation sociale créée par la loi du 17 août 2015 relative au dialogue social et à l'emploi. Elle est issue de la fusion du RSA activité (peu demandé par les bénéficiaires potentiels) et de la prime pour l'emploi (PPE, d'un montant trop faible), et vise à soutenir l'activité et le pouvoir d'achat des travailleurs modestes en remédiant à certains défauts des deux dispositifs. Elle est versée par les caisses d'allocations familiales et les MSA.

La prime d'activité cherche à corriger ces inconvénients avec un versement mensuel, garanti pendant trois mois et pour un montant significatif. De plus, les démarches pour y prétendre ont été simplifiées.

180. Qu'appelle-t-on la crise de l'État providence ?

L'État providence, c'est l'État qui voit (*videre*) loin devant (*pro*). Arrimé à l'idéal de fraternité d'après-guerre et à la volonté de compenser les revenus des travailleurs malades ou vieux, il connaît son heure de gloire durant la période des Trente Glorieuses (1945-1975), jusqu'au moment des deux chocs pétroliers de 1973 et 1979.

Comme l'a montré dès le début des années 1980 Pierre Rosanvallon, l'État s'est alors trouvé en crise dans sa fonction d'assureur public. L'État providence, divinisé, est critiqué pour son manque de prévision avec des incidences sur les finances publiques sur fond de remise en question de l'efficacité des pouvoirs publics.

L'École de Chicago, à rebours du mouvement keynésien qui a porté l'émergence de l'État providence, a alors présenté l'État interventionniste comme le problème majeur de dysfonctionnement des marchés et générateur d'inflation.

FACE À LA CRISE SANITAIRE, LE RETOUR CONTRARIÉ DE L'ÉTAT PROVIDENCE

Le débat sur la crise de l'État providence, et plus généralement de l'interventionnisme des pouvoirs publics, est renouvelé par le contexte de la crise sanitaire. Celle-ci bouscule les cadres conceptuels et doctrinaires à grande échelle.

En 2020, le président de la République française annonçait en même temps que les mesures de confinement la prise en charge par l'État du chômage partiel dans les entreprises en portant, avec les pays de l'Europe du sud, des idées de relance coordonnée. Avec la création d'une dette commune européenne, le plan de relance européen constituait un tournant dans la doctrine européenne, rétive jusqu'alors aux idées de mutualisation. Baptisé « *Next Generation EU* », ce plan est issu d'un accord entre les 27 États membres intervenus le 21 juillet 2020. Il était doté d'une enveloppe globale de 750 milliards d'euros, soit environ 5,6 % du PIB européen.

Plusieurs difficultés rencontrées contrarient sa mise en œuvre. D'une part, les pays ont dû se mettre d'accord sur la répartition des fonds. Les pays qui bénéficieront le plus du plan de relance européen, en valeur absolue, sont ceux dont les économies ont le plus souffert de la pandémie de la Covid-19 (l'Italie et l'Espagne notamment) ou, rapporté au PIB de chaque pays, les principaux bénéficiaires seront la Croatie, la Bulgarie et la Grèce. D'autre part, les modalités de mise en œuvre obligent la Commission européenne d'être autorisée par l'ensemble des parlements dans les 27 pays avant d'emprunter. Enfin, certaines difficultés juridiques pénalisent le processus à l'image du recours déposé devant la Cour constitutionnelle fédérale d'Allemagne qui doit statuer sur le caractère constitutionnel du plan de relance européen. La France marquait au printemps 2021 son impatience face au calendrier. Ses premiers crédits issus d'une première tranche de 40 milliards sur une enveloppe totale de 100 milliards ne seront versés qu'après l'été 2021.

181. Les prestations familiales sont-elles encore universelles ?

En 1945, lors de la création des prestations familiales et du quotient familial, la politique familiale française est basée sur le principe d'universalité : les prestations familiales et le quotient familial bénéficiaient de la même manière à l'ensemble des familles, quel que soit leur niveau de revenu.

Depuis les années 1980, les objectifs de réduction des inégalités, puis de maîtrise des dépenses publiques, ont amené plusieurs limites à ces principes d'universalité : le quotient familial a été plafonné pour la première fois en 1981, et plusieurs fois depuis. En 2015, pour la première fois, a été introduit le principe de modulation des allocations familiales : pour deux enfants à charge, au-delà d'un revenu mensuel d'environ 6 000 euros par mois, le montant des allocations familiales est divisé par deux ; il est divisé par quatre au-delà d'environ 8 000 euros mensuels. Les allocations familiales sont toujours versées à toutes les familles avec deux enfants à charge ou plus, sans exception ; leur attribution est toujours universelle mais leur montant ne l'est plus.

7 Environnement et transition écologique

1. Questions

182. Qu'est-ce qu'un budget climatique ?

183. La fiscalité écologique a-t-elle un avenir ?

2. Réponses

182. Qu'est-ce qu'un budget climatique ?

L'idée du budget climatique s'est particulièrement développée à la suite de l'accord de Paris qui fixe pour objectif de réduire les émissions à effets de serre pour respecter la limitation de l'augmentation des températures à 1,5 °C, voire 2 °C, d'ici la fin du siècle.
Selon les États, plusieurs acceptions peuvent être données à la notion de budget climatique.
La première, réductrice, consiste à dresser un état des lieux des efforts accomplis par une administration et son territoire en faveur de l'environnement. Ainsi, l'adoption chaque année d'un rapport sur le développement durable peut aider à prendre conscience des efforts accomplis sous une forme quantitative, voire qualitative.
La seconde, plus ambitieuse, consiste à traiter la question environnementale comme un élément d'arbitrage des décisions prises par une administration lorsqu'elle décide d'arbitrer ou non en faveur d'un projet. L'environnement n'apparaît alors plus comme une question subsidiaire mais comme partie intégrante de la décision.

183. La fiscalité écologique a-t-elle un avenir ?

La fiscalité écologique recouvre deux dimensions : elle recouvre soit toutes les mesures fiscales qui ont un impact positif sur l'environnement, soit toutes les mesures fiscales ayant un lien avec une matière environnementale et/ou polluante. D'après l'économiste Arthur Pigou, la fiscalité doit avoir un rendement décroissant en application du principe du pollueur-payeur (exemple des taxes carbones). Le coût engendré par une taxe écologique doit avoir une incidence telle que les pollueurs modifient leurs comportements en cherchant à optimiser le montant à payer. Cependant, l'émergence de telles taxes a pu

avoir pour incidence une aversion des contribuables, les taxes écologiques (sur l'essence par exemple) étant venu surabonder les taxes déjà existantes.
La fiscalité écologique est ainsi apparue en France comme sanctionnant encore davantage les contribuables. Pourtant, en comparaison de la moyenne européenne (2,4 % du PIB), les taxes écologiques sont en France relativement peu importantes (1,9 %). Par ailleurs, la fiscalité écologique interroge également quant à son affectation : elle est à la fois censée réduire la pollution et contribuer au financement des budgets publics. Or, si la fiscalité écologique est efficace, son rendement devrait être décroissant alors même que les taxes liées à l'énergie permettent aujourd'hui, au titre de l'universalité, de financer des politiques publiques sans lien direct avec l'environnement. D'où l'idée, comme avec la taxe d'enlèvement des ordures ménagères incitative, de plafonner son rendement au montant de l'ancienne taxe tout en incitant à réduire le nombre des déchets.

LA FISCALITÉ ENVIRONNEMENTALE LOCALE

En matière environnementale, certaines collectivités territoriales françaises ont mis en place la redevance d'enlèvement des ordures ménagères (REOM, payée en fonction de l'importance du service rendu par la personne qui habite le logement, c'est-à-dire le volume des déchets enlevés et traités) ou encore la taxe d'enlèvement des ordures ménagères (payée par le propriétaire du logement) avec une part incitative (TEOMi). La modulation de cette taxe et la redevance en fonction de la quantité de déchets produite est plus innovante, elle incite les usagers à jeter moins d'ordures ménagères et assimilés. D'après les études de l'ADEME (Agence de l'environnement et de la maîtrise de l'énergie), si ces dispositifs sont plus difficiles à mettre en œuvre dans les zones d'habitats collectifs, ils n'en restent pas moins des outils puissants de réduction des déchets et ont permis de faire baisser de 40 % les volumes de déchets produits et triés.

LE CONSENSUS DES ÉCONOMISTES FAVORABLE À LA TAXE CARBONE

« *Voilà cent ans, l'économiste Arthur Pigou a introduit le concept d'"externalité" : une personne ou une entreprise, par son action, peut provoquer une nuisance ou un dommage à autrui sans qu'elle soit incitée à en tenir compte dans sa prise de décision. Cela conduit à une défaillance des marchés. Mais au lieu d'abandonner l'économie de marché, Pigou a eu l'idée géniale d'une taxe spécifique pour corriger les effets de ces externalités. En fixant la taxe au niveau du dommage, on réaligne l'intérêt privé et l'intérêt général. En matière d'environnement, c'est tout simplement le principe "pollueur-payeur" : celui qui pollue devra payer, donc sera incité à moins polluer. Celui qui émet du* CO_2 *en se déplaçant, en se chauffant ou en produisant du ciment paiera une taxe à hauteur du dioxyde de carbone émis, donc sera incité à ne pas en rejeter dans*

> *l'atmosphère. Voilà ce que l'on appelle communément la taxe carbone, qui peut corriger la pire défaillance des marchés de toute l'histoire de l'humanité. […] Avec une taxe de 12 centimes par litre d'essence en 2019, l'idée n'était pas d'abandonner la voiture du jour au lendemain. Mais de prendre un peu plus les transports en commun, de motiver les employeurs pour le télétravail, de s'épargner quelques trajets pas forcément utiles, de ne plus exclure le covoiturage, de penser à la consommation du véhicule au moment de son renouvellement. Il faut bien garder en tête que les prix de l'énergie ont un impact important sur la façon dont nous consommons. Aux États-Unis, où l'essence est environ deux fois moins chère, les voitures sont bien plus gourmandes : en 2016 la voiture la plus vendue aux États-Unis était une Ford émettant 221 grammes de* CO_2 *par kilomètre, presque deux fois plus que la moyenne des véhicules écoulés en Europe. Une hausse de 10 % du prix de l'essence réduit la consommation de 9 % à long terme. Les gens sous-estiment complètement l'effet des prix sur leur comportement.* »
>
> *Entretien accordé en août 2019 à* L'Obs *par Christian Gollier, Directeur général de Toulouse School of Economics, auteur de* Le Climat après la fin du mois

En France, la loi des finances pour 2021 trace pour la première fois l'engagement en faveur de la transition écologique. La mission « Plan de relance » financera des actions en faveur de l'écologie à hauteur de 18,4 milliards d'euros d'autorisations d'engagement en 2021 qui se déclinent annuellement en crédits de paiement. Il s'agit du premier exercice du budget vert qui cote l'ensemble des écritures comptables en indiquant leur impact environnemental (climat, adaptation au changement climatique, ressource en eau, économie circulaire, lutte contre les pollutions, biodiversité). Cette démarche enrichit l'information du Parlement et des citoyens sur les effets de l'action publique sur l'environnement.

8 Dépense locale et territoires

1. Questions

184. Le financement des collectivités territoriales est-il adapté à la période ?
185. Quelles sont les contreparties aux libertés accordées aux collectivités territoriales dans le cadre de la décentralisation ?
186. Comment maîtriser la dépense locale ?
187. Quel nouveau paradigme vis-à-vis des collectivités territoriales : baisse des dotations *versus* contractualisation ?
188. L'intercommunalité est-elle un facteur d'économies ?

2. Réponses

184. Le financement des collectivités territoriales est-il adapté à la période ?

Dans un rapport de 2006, Philippe Valletoux, membre du Conseil économique et social, indique que la fiscalité locale est « *à bout de souffle, opaque, voire archaïque, injuste* ». Les réformes successives laissent apparaître une mainmise de l'État sur les recettes locales avec la montée en puissance des dotations et de la fiscalité transférée alors qu'aucune véritable négociation n'est organisée avec les collectivités territoriales (indexation des dotations, enveloppe normée et suppression progressive des impôts locaux).

Des réformes ont par la suite été engagées mais l'on peine à voir clairement leur boussole :

- les concours financiers de l'État auprès des collectivités se sont largement réduits, leur volume s'est contracté de 11 milliards d'euros entre 2013 et 2018 ;
- la taxe professionnelle a été remplacée par la contribution économique territoriale (composée de la CVAE et de la CET : lire les questions 111 et 113) ;
- la réforme de l'évaluation des bases fiscales sur lesquelles s'appliquent les impôts économiques a été réalisée tandis que s'annonce celle des bases ménages ;
- la TVA est l'impôt qui a été transféré aux régions et le sera bientôt aux départements ;
- la taxe d'habitation doit être totalement supprimée d'ici la fin du quinquennat Macron.

Si l'injustice devant l'impôt local semble freiner sa réforme, aucune instance ne permet aujourd'hui de discuter de la répartition des taxes entre l'État et les collectivités comme cela se fait entre l'État fédéral et les *landers* allemands. Une réforme de la composition du comité des finances locales et de son rôle aurait certainement du sens.

185. Quelles sont les contreparties aux libertés accordées aux collectivités territoriales dans le cadre de la décentralisation ?

En contrepartie de la liberté de construire leur budget sans contrôle *a priori* par la tutelle, les collectivités se sont vues conférer une liberté avec la décentralisation qui va de pair avec celle accordée pour trouver leurs financements : recours à l'impôt, aux subventions, à l'emprunt. De fait, cela leur confère une nouvelle responsabilité de gestion qui s'exerce sous le contrôle des juridictions financières (les chambres régionales des comptes qui évaluent leur gestion) et des citoyens, de la presse, qui comparent ou « votent avec les pieds », c'est-à-dire en quittant le territoire (délocalisations d'entreprises ou de résidants).

186. Comment maîtriser la dépense locale ?

Cette question renvoie à la notion de bonne gestion (les collectivités ne sont pas concernées par la faillite) dans un contexte de critique générale de l'action publique.

Avec près de 230 milliards d'euros en fonctionnement et en investissement, il est utile de souligner la part contrainte des dépenses locales, liée aux normes ou au versement de minima sociaux (RSA) pour mettre en lumière les pratiques actuelles encore marquées par un déficit d'évaluation.

La dépense locale a fortement augmenté depuis 1982 sous l'effet des décentralisations. Elle a des incidences sur la commande publique et les secteurs qui en vivent : cela représente 40 % du chiffre d'affaires du BTP par exemple.

Des outils ont été mis en place pour la réguler, notamment les contraintes exercées sur les dotations depuis 1996 et, depuis 2017, la contractualisation sur l'évolution des dépenses (à l'image des hôpitaux). Il existe aussi des outils internes : plan pluriannuel d'investissement (PPI), contrôle budgétaire et de gestion, évaluation, systématisation des procédures internes.

Les collectivités sont amenées à participer à l'effort de redressement des comptes publics (qui englobe, outre l'État, la protection sociale et les collectivités) dans un contexte de mille-feuille administratif qui cristallise les critiques (opacité et illisibilité de l'action publique) sur les doublons, l'efficacité et la pression fiscale.

En 2020, les contrats de Cahors (lire la question 69) ont été mis en suspens en raison de la crise du coronavirus. Ces contrats ne concernaient que les grandes collectivités, dont les régions. Or, dans le cadre de la mise en place d'un fonds de soutien aux entreprises les plus impactées par la crise, l'État a demandé aux régions d'abonder à son financement et donc de sortir de la norme de la dépense contractualisée. Il n'en demeure pas moins que dans la société post-crise, les termes de la maîtrise des dépenses publiques ne se poseront peut-être plus dans les mêmes conditions.

LES OUTILS POUR « MIEUX DÉPENSER »

Les outils actuels peuvent être approfondis en mettant en œuvre une démarche LOLF telle que celle pratiquée par l'État (construction des budgets par grands objectifs), en poursuivant la réforme de la décentralisation (après l'acte III, le président de la République annonce un nouveau cycle) avec une clarification de la répartition des compétences ou en mettant en place l'imposition de nouvelles normes de gestion à l'image des hôpitaux (évalués par les agences régionales de santé sur la maîtrise de leurs achats ou de leur masse salariale…).
Au niveau de chaque collectivité, enfin, en améliorant les logiques d'évaluation (davantage orientées sur les résultats que sur les moyens à consacrer à l'action), en mutualisant davantage certaines fonctions à l'échelon intercommunal, voire en se recentrant sur les compétences obligatoires.

187. Quel nouveau paradigme vis-à-vis des collectivités territoriales : baisse des dotations *versus* contractualisation ?

Sous la présidence de François Hollande, la modernisation de l'action publique intègre le pilotage des comptes locaux dans l'effort de maîtrise des dépenses publiques. Il est alors décidé de recourir à la baisse des recettes versées sous forme de concours financiers par l'État aux collectivités territoriales, ce qui se traduit par une diminution sans précédent des dotations.
Tenant compte de l'inefficacité relative sur la maîtrise de la dépense locale, sous la présidence d'Emmanuel Macron, les parlementaires introduisent un dispositif visant à ne réduire les recettes des collectivités territoriales que si elles ne respectent pas la maîtrise des dépenses publiques dans le cadre de la contractualisation : ce dispositif vise à faire négocier les élus locaux avec les préfets de manière à respecter une norme générale de + 1,2 % par an pendant trois ans.
À première vue, le dispositif de la contractualisation semble tenir compte des conséquences mitigées du dispositif de baisse des dotations. Cependant, l'objectif définitif est bien de faire contribuer les collectivités à la baisse de l'endettement, ce que ne rend pas obligatoire la contractualisation : avec l'augmentation de leur autofinancement, il faut se demander si les collectivités auront plutôt tendance à réduire leur endettement ou à augmenter les investissements.
À la suite de la crise sanitaire de 2020-2021, qui a vu les contrats de Cahors suspendus pour leur dernière année de mise en application, le gouvernement semble s'acheminer vers des contrats de nouvelle génération.
Reste à savoir si ces nouveaux contrats s'avéreront plus contraignants quant à l'obligation de moindre recours à l'emprunt pour financer les dépenses d'investissement. Dans le cadre du nouveau pacte de stabilité dans lequel s'engage l'État avec l'Union européenne, les collectivités pourraient être davantage impactées qu'elles ne le furent lors de la précédente loi de programmation des finances publiques.

188. L'intercommunalité est-elle un facteur d'économies ?

Selon la Cour des comptes, l'intercommunalité a pu déresponsabiliser le décideur local, y compris dans ses décisions fiscales. D'une certaine manière, en attendant que l'intercommunalité paie, les élus des communes participent à une logique inflationniste pour les dépenses locales. Quand la communauté engage un projet qu'elle n'aurait pas réalisé avec la somme des budgets des communes qui la constituent, c'est parce qu'il coûte moins cher par habitant en raison de l'effet de taille. Le fait intercommunal se révèle donc dans ce cas générateur de dépenses supplémentaires, du moins à court terme.

Pour dénouer ce nœud de problèmes, l'élection locale au niveau des intercommunalités aurait l'avantage de responsabiliser les édiles, plus soucieux dans ce cas de l'intérêt de la dépense à l'échelle critique communautaire.

9 Évaluation des politiques publiques

1. Questions

189. Quelles sont les origines de l'évaluation de l'action publique ?

190. Contrôle, évaluation et audit : quelles différences ? quels apports ?

191. Efficacité, efficience, qualité : quelles différences ? quels apports ?

192. Comment peut-on évaluer une politique publique ?

193. Peut-on mesurer l'efficacité des politiques sociales ?

194. Peut-on comparer le plan de relance européen et celui des États-Unis ?

2. Réponses

189. Quelles sont les origines de l'évaluation de l'action publique ?

L'approche évaluative est apparue avec la mise en œuvre de la LOLF (Loi organique relative aux lois de finances) en France dans un contexte de crise des finances publiques. À partir d'une approche par les objectifs et les indicateurs de réussite, les élus sont en mesure d'apprécier si, du point de vue des moyens, une politique publique peut être jugée efficace, efficiente, performante.

La LOLF a fourni le nouveau cadre de discussion des politiques publiques mais il est apparu, rapidement après sa première mise en œuvre effective, en 2006, qu'il fallait pouvoir traduire ces évaluations sous la forme de réformes administratives. C'est ainsi que sont apparues par vagues successives :

- la revue générale des politiques publiques (RGPP) de 2007 à 2012 ;
- la modernisation de l'action publique (MAP) de 2012 à 2017 ;
- le comité action publique (CAP22) de 2017 à 2022.

190. Contrôle, évaluation et audit : quelles différences ? quels apports ?

Contrôle

La notion de contrôle existe depuis de nombreux siècles et s'est beaucoup développée dans le champ de la comptabilité. La notion signifie à la fois vérifier la conformité des actes ou des mesures prises par une autre autorité ou encore examiner pour surveiller.

En l'occurrence, le rôle du comptable public est bien de contrôler la conformité des actions prises par l'ordonnateur.

Évaluation

L'évaluation est plus récente dans le champ des finances publiques. Elle consiste en une mesure d'une quantité ou d'une qualité. L'évaluation est un processus itératif qui permet à une structure, en fonction d'indicateurs, d'en améliorer au fil du temps le pilotage et la gestion. L'évaluation est continue.

Audit

L'audit s'apparente à une mesure plus ponctuelle qui suppose, dans le cadre d'une mission définie, d'étudier une structure, un service ou encore une politique publique. On définit souvent l'audit interne comme une évaluation du contrôle interne.

Pilotage

Parfois qualifiées de contrôles, certaines actions relèvent davantage de dispositions pour aider au pilotage des structures, comme le contrôle de gestion. Ces missions s'apparentent davantage à des conseils aux décideurs qu'à des vérifications de la régularité de la gestion, exercées par le comptable ou les chambres régionales des comptes. Le contrôle de gestion permet ainsi d'alimenter l'évaluation des politiques publiques. De même, les dispositifs d'inspection générale, d'évaluation des politiques publiques, comme d'audit interne, constituent autant de mesures d'aide au pilotage d'une structure et sont en ce sens à la fois différents dans leurs approches et complémentaires dans leur objectif commun : améliorer le pilotage global d'une structure.

191. Efficacité, efficience, qualité : quelles différences ? quels apports ?

En instituant une déclinaison systématique des objectifs stratégiques en indicateurs, la LOLF a impulsé une démarche d'évaluation propre à l'action de l'État qui s'est propagée à l'action des collectivités. Ces pratiques ont favorisé la multiplication de ces indicateurs (avec près de 900 pour caractériser le budget général de l'État, plus de 1 000 en associant les budgets annexes). Ces indicateurs mesurent trois aspects de la performance :

- l'efficacité, c'est-à-dire la capacité à atteindre des objectifs ;
- l'efficience, soit la mise en rapport de l'atteinte des objectifs avec les ressources consommées (toutes les politiques qui atteignent des objectifs sont efficaces mais elles ne sont pas pour autant efficientes au regard des moyens déployés) ;
- la qualité qui fait référence à la satisfaction et à la relation à l'usager.

EXEMPLE D'ÉVALUATION D'UNE POLITIQUE PUBLIQUE

Objectifs	Efficacité	Efficience	Qualité
« Retour à l'emploi de chômeurs »	Améliorer le taux de retour à l'emploi	Privilégier les dispositifs qui optimisent le meilleur taux de retour à l'emploi pour chaque euro d'argent public investi	Privilégier les dispositifs qui optimisent le retour à l'emploi durable (CDI)

Source : LOLF.

192. Comment peut-on évaluer une politique publique ?

Une politique publique s'apparente à des services rendus en faveur de la population, qu'il s'agisse d'usagers, de contribuables ou encore de justiciables. Pour en mesurer l'utilité, l'esprit de la LOLF consiste à les évaluer. Pour ce faire, il peut résulter deux approches : une évaluation *ex ante* ou une évaluation *ex post*.

- L'évaluation *ex ante* répond à l'analyse du contexte à l'origine de l'intervention publique, au contenu de cette intervention, aux conditions de mise en œuvre et aux réalisations, résultats et effets attendus.
- L'évaluation *ex post* est effectuée à la fin, ou après la fin, d'une action, d'une intervention publique. Elle vise à tirer les enseignements rétrospectifs sur une politique parvenue à maturité et « routinisée ». Pour ce faire, l'évaluation doit faire l'objet d'objectifs auxquels ont été rattachés des indicateurs pour vérifier s'ils sont atteints.

193. Peut-on mesurer l'efficacité des politiques sociales ?

La mesure de l'efficience des politiques sociales est un sujet sensible et difficile : les politiques sociales ne peuvent pas faire l'objet d'une mesure absolument mathématique et indiscutable, car de nombreux paramètres peuvent entrer en compte et influencer les résultats :

- il est souvent difficile d'établir des corrélations indiscutables entre la variation d'un indicateur et une politique sociale, car les effets conjoncturels peuvent être déterminants. Par exemple, le taux de chômage peut refléter les efforts faits par l'État et les collectivités pour insérer les personnes vers l'emploi par les politiques d'insertion, mais il est aussi et surtout influencé par les cycles économiques mondiaux ;
- les acteurs agissant dans un même domaine sont nombreux et mènent parfois des actions dont les objectifs ne sont pas les mêmes ; les effets d'une politique sociale

menée par un acteur peuvent être atténués, voire inversés, par une politique menée par un autre acteur agissant dans le même domaine. Par exemple, l'efficacité des politiques d'insertion est difficile à mesurer compte tenu de la multiplicité des acteurs et des modes d'intervention (État, collectivités, secteur associatif, etc.) ;

- certains effets attendus des politiques sociales, qui touchent à la qualité de vie ou au bien-être, ne peuvent pas se mesurer par des indicateurs indiscutables : par exemple, l'atteinte de l'objectif d'offrir aux personnes âgées dépendantes un « mieux vivre à domicile » par les politiques d'autonomie est difficile à mesurer ;
- les indicateurs retenus ne sont parfois pas pertinents ou utilisés sans prendre les précautions qui s'imposent. Par exemple, le « taux de sorties positives » vers l'emploi de personnes bénéficiant d'une action d'insertion doit nécessairement être précisé par un indicateur de temps : si une personne retrouve un emploi à l'issue de l'action mais le perd quelques semaines plus tard, peut-on considérer que la sortie du dispositif est positive et que l'action est efficace ?
- les politiques sociales n'ont souvent des effets qu'à moyen-long terme, ce qui complexifie leur évaluation, d'autant plus que les acteurs publics ne sont pas nécessairement légitimes à collecter des données après la sortie des personnes du dispositif : le suivi des jeunes sortis d'une prise en charge à l'aide sociale à l'enfance est quasiment impossible à réaliser de manière exhaustive, puisque, par définition, les jeunes sont sortis du dispositif et n'ont donc plus de lien avec les institutions.

Pour autant, la mesure de l'efficience des politiques sociales ne doit pas être abandonnée ; elle est fondamentale pour faire évoluer les dispositifs afin qu'ils répondent mieux aux besoins, pour s'assurer de l'optimisation des dépenses, mais également pour rendre compte aux citoyens de la bonne utilisation des deniers publics.

194. Peut-on comparer le plan de relance européen et celui des États-Unis ?

Il est délicat de comparer l'effort budgétaire déployé de part et d'autre de l'Atlantique car les budgets nationaux sont, au sein des deux zones économiques, très différents.

Les pays européens sont généralement dotés de davantage de systèmes d'assurances sociales qui assurent des filets de sécurité à la population. À l'image de la France qui s'est dotée depuis la fin de la Seconde Guerre mondiale d'une protection sociale universelle beaucoup plus développée que les États-Unis. Une partie des mesures de soutien à l'économie est, en Europe, déjà comprise dans les budgets européens à travers les stabilisateurs automatiques. Par exemple, en France, les minima sociaux, les systèmes de retraite ou d'assurance chômage sont plus généreux (et moins individualisés) qu'aux États-Unis. Ces dispositifs jouent un rôle contracyclique des finances publiques et existaient avant la crise. Ils ne font donc pas l'objet d'un plan de relance comme aux États-Unis.

10 UE et souveraineté internationale

1. Questions

195. Faut-il mettre en place un impôt européen ?

196. La France dépense-t-elle trop par rapport à ses voisins ?

197. Pourquoi est-il délicat de faire des comparaisons internationales ?

198. Quel est le cadre juridique européen des finances publiques ?

199. Quelle serait la portée d'Eurobonds ?

200. Faut-il réformer ou sortir de la zone euro ?

2. Réponses

195. Faut-il mettre en place un impôt européen ?

La mise en place d'un impôt européen permettrait à l'UE de disposer d'une réelle ressource propre et de moins dépendre des États *via* la ressource RNB, par exemple :

- une taxe écologique (taxe carbone par exemple ou sur les compagnies aériennes) ;
- une taxe sur les transactions financières. Cette taxe s'appliquerait à toutes les transactions entre institutions financières ;
- un impôt commun sur les sociétés, au minimum au niveau de la zone euro, est avancé depuis quelques années. Il aurait l'avantage de « démocratiser l'UE » (le vote de l'impôt est la base de la démocratie), d'éviter le *dumping* fiscal, de doter l'UE, ou la zone euro au moins, d'une nouvelle recette pérenne.

196. La France dépense-t-elle trop par rapport à ses voisins ?

Il convient de relativiser et de poser les termes de cette question.
Si la France fait le choix en pourcentage de répartir ses dépenses publiques différemment en structure, moins pour la santé ou la justice, mais davantage pour la politique familiale, l'aide à la pierre ou la défense, ses dépenses en volume rapportées au PIB sont plus importantes que celles de ses voisins (environ 56 % de son PIB, soit 9 points de plus que la moyenne de la zone euro).

Facteurs explicatifs : le choix en faveur des retraites (qui explique à lui seul un écart de 3 points de PIB), le fait que les régimes complémentaires sont obligatoires et le niveau d'intervention élevé en faveur des aides au logement.

En janvier 2019, France Stratégie publiait une étude mesurant l'écart des principaux postes de dépenses en France et dans la moyenne des pays de l'Union. S'il apparaît que la France dépense plus que ses voisins pour les dépenses de protection sociale, il faut aussi constater qu'elle dépense plus pour les financements aux entreprises mais en revanche moins pour l'enseignement et la recherche.

197. Pourquoi est-il délicat de faire des comparaisons internationales ?

Les notions de dépenses publiques recouvrent des réalités différentes selon les pays :

- le périmètre obligatoire est plus important en France par exemple ou dans les pays qui imposent d'assurer leurs salariés, et moins dans les pays où l'assurance privée est plus importante ;
- certaines dépenses relèvent de l'État dans certains pays et des partenaires sociaux dans d'autres (en France, c'est le cas de l'assurance chômage par exemple) ;
- une dépense sociale peut être directe ou relever d'un avantage fiscal, ce qui revient à une comptabilisation différente, les avantages fiscaux n'étant pas comptabilisés dans les dépenses ;
- cela dépend également des modes de gestion, certains pays faisant le choix de déléguer à des partenaires privés, ce qui minore la dépense publique directe en la reportant dans le temps.

198. Quel est le cadre juridique européen des finances publiques ?

Marqués par la crise de 2008, les dirigeants européens ont fait adopter, dans un premier temps, le traité portant sur la solidarité, la coopération et la gouvernance en 2012. Ce dernier visait à renforcer les règles de contrôle de l'élaboration des budgets des États, la Commission européenne étant amenée à vérifier si les décisions des gouvernements vont dans le sens de la convergence des politiques budgétaires ou encore si les États doivent être condamnées en manquement pour des déficits excessifs.

Par la suite, en décembre 2018, lors d'un sommet européen à Bruxelles, des projets de renforcement de la zone euro ont été actés :

- pour améliorer l'Union bancaire en faisant contribuer les banques à un « fonds de résolution » actionné par une « clause d'action collective » pour éviter de recourir à l'argent public en cas de nouvelle crise ;
- renforcer certains dispositifs d'intervention comme le mécanisme européen de stabilité ;
- ou la manière de résorber les crises des finances publiques.

L'EUROPE DES COMPROMIS

Tous ne sont pas d'accord, il s'agit donc d'un compromis. Certains pays comme la France voudraient aller plus loin avec la création d'un ministre des Finances de la zone euro ou encore la création d'un « Fonds monétaire européen » sur le modèle du Fonds monétaire international.
Le budget de la zone euro est seulement incorporé au budget général afin d'apaiser les réticences des Pays-Bas notamment.

199. Quelle serait la portée d'Eurobonds ?

Chaque pays emprunte individuellement quand il a besoin de lever des fonds. Le taux d'intérêt (qui représente la rémunération du prêteur) dépend de la santé économique du pays, de sa situation budgétaire évaluée par les prêteurs (qui donnent des notes aux États). Avec les Eurobonds, les obligations seraient donc émises au niveau européen, et non plus national, avec un taux d'intérêt unique qui serait une moyenne de ceux en vigueur dans les différents pays membres. Ces Eurobonds entraîneraient une plus grande intégration au sein de la zone euro et également une plus grande solidarité entre les États membres.

Cette question est soulevée à l'occasion de la crise économique créée par la catastrophe sanitaire du coronavirus. Inventés par la Banque mondiale à l'occasion de l'épidémie d'Ebola de 2014, les « *pandemic bonds* » ouvrent cette possibilité de lever de la dette en mutualisant les risques, c'est-à-dire en élargissant la collecte de ressources à une zone plus sûre plutôt qu'en laissant seuls les pays face à leurs prêteurs. Cette option a longtemps été taboue en Europe, mais elle trouve en mai 2020 sur la zone euro un débouché à la faveur d'un accord entre la France et l'Allemagne, prolongé par une proposition de la Commission (lire la question 79).

LE RÉVEIL DE CLIVAGES TRADITIONNELS

Deux grandes catégories de pays s'opposent sur les options de mutualisation ou d'individualisation des ressources. D'une part, l'Europe latine dont la France, le Portugal, l'Italie et l'Espagne, qui sont favorables au principe de solidarité. D'autre part, l'Allemagne et les « frugaux » (Pays-Bas, Autriche, Danemark et Suède) sont les tenants traditionnels d'une individualisation des risques et des responsabilités. Ces derniers restent critiques face à leurs « homologues du Sud qui n'ont pas conduit les réformes » (équilibre budgétaire, flexibilisation du marché du travail, etc.) et réservés sur l'approche « géopolitique » de la Commission dont l'ambition affichée de sa présidente est d'investir sur les chaînes de valeur ou les entreprises jugées stratégiques. Dans un jeu de rôle désormais installé au niveau européen, la France et une partie de l'Europe du sud portent une vision plus interventionniste en matière économique et envers les finances publiques, avec l'idée de coordinations renforcées, d'une gouvernance économique (relances, plans de grands travaux, intervention dans le

> capital d'entreprises) et de politiques sociales communes. L'Allemagne, de son côté, traumatisée par l'hyperinflation des années 30, assume la position de chef de fil des pays prônant une gestion plus orthodoxe, une politique d'équilibre budgétaire et des réformes internes (flexibilité du marché du travail, etc.). Malgré un mauvais état de ses infrastructures (ponts, routes) et un taux de pauvreté élevé de ses personnes âgées, ce pays estime le plus souvent que la régulation de l'économie doit relever davantage du jeu naturel du marché.

200. Faut-il réformer ou sortir de la zone euro ?

Un taux de change unique ne reflète pas les différences de situations entre pays. En cas de ralentissement économique, chaque pays ne peut dévaluer (baisser le cours de sa monnaie pour diminuer les coûts de production) comme cela a été le cas avant la mise en œuvre de la monnaie unique. Cela pousse donc les gouvernements à des politiques de maîtrise salariale pour retrouver de la compétitivité. Les partisans d'une sortie de l'euro mettent en avant le fait que la dévaluation permettrait d'éviter la déflation salariale qui accentue selon eux la récession.

L'inconvénient d'une telle stratégie est que d'autres pays entreraient dans cette course à la dévaluation. Elle entraînerait également mécaniquement une hausse des prix des produits importés (qui représentent le tiers de notre PIB), et annulerait une partie de ses avantages. Elle alourdirait la dette dans la mesure où celle-ci est libellée en monnaie nationale… dévaluée.

Enfin, certains suggèrent que les inconvénients de la monnaie unique, en cas de ralentissement de la conjoncture, peuvent être compensés par la solidarité budgétaire des États membres, c'est pourquoi ils soutiennent l'idée de la création d'un budget de la zone euro alimenté par un impôt européen (ressource propre).

Ressources utiles

- Sur l'organisation de l'État et le fonctionnement des finances publiques : https://www.vie-publique.fr

- Sur les questions de gestion budgétaire et financière et d'évaluation des politiques publiques :
http://www.performance-publique.budget.gouv.fr

- Des synthèses sur les politiques publiques : tapez le mot-clé de la synthèse recherchée sur le site de la Cour des comptes ou ceux des chambres régionales :
https://www.ccomptes.fr/fr/publications

- Le site de l'Inspection générale des affaires sociales (rapports publics à télécharger) :
www.igas.gouv.fr

- Le site de référence sur toutes les questions européennes :
https://www.touteleurope.eu

34/38, rue Camille-Pelletan - 92309 Levallois-Perret cedex
Imprimerie Evoluprint - 31151 Fenouillet Cedex
Imprimé en France - 4e trimestre 2021

Service éditorial : Charlotte Debroise, Benjamin Dias Pereira,
Laureen Gatien, Deborah Lopez, Myriam Pasek
Conception graphique : Catherine Aubin

Dépôt légal à parution
ISBN 978-2-7590-4741-3